Johann Joseph Most

August Reinsdorf und die Propaganda der Tat

Johann Joseph Most

August Reinsdorf und die Propaganda der Tat

ISBN/EAN: 9783744607414

Hergestellt in Europa, USA, Kanada, Australien, Japan

Cover: Foto ©ninafisch / pixelio.de

Weitere Bücher finden Sie auf **www.hansebooks.com**

August Reinsdorf

und die

Propaganda der That.

Von

Johann Most.

New York, 1890.

Druck von der „Freiheit"-Druckerei, No. 167 William Street.

Einleitung.

In den Tagen vom 15. bis 22. Dezember 1884 spielte sich zu Leipzig vor dem sogenannten Reichsgericht, das in solchen Fällen eigentlich ein königlich kaiserliches Hofgericht darstellt, weil es in erster und letzter Instanz und zwar nach Befehlen und Winken der Regierung entscheidet, eine jener Komödien ab, welche sich in unseren Tagen immer häufiger wiederholen und von dem Kulturhistoriker der Zukunft mit dem gleichen Abscheu verurtheilt werden dürften, den der moderne Geschichtschreiber für jene Tragödien übrig hat, welche die spanische Inquisition und ähnliche Schandinstitutionen der Vergangenheit inszenirten.

Acht Arbeiter, welche im Kriege der Armen wider die Reichen gefangen genommen wurden, saßen da auf der Anklagebank, nicht um Gerechtigkeit über sich ergehen zu lassen, sondern um des Machtspruches zu harren, den die als Richter fungirenden Sprachorgane der herrschenden Gewalten für sie in Bereitschaft hatten. Die hervorstechendste Gestalt unter diesen Opfern einer barbarischen Gesellschafts-„Ordnung“ war

August Reinsdorf.

Diesem Manne soll mein Büchlein ein Tribut der Achtung sein.

Ich bin mir der Schwierigkeit meines, wenn auch sonst ganz bescheidenenen Unternehmens, eine Biographie des **Vaters der anarchistischen Bewegung** auf deutschem Sprachgebiete zu schreiben, wohl bewußt, doch hoffe ich, wenigstens vorläufig, den Genossen weit und breit einen Dienst zu erweisen, wenn ich ihnen das Bildniß eines echten Helden der sozialen Revolution entwerfe. Berufenere Kräfte liefern vielleicht später in Vollendung, was ich nur zu skizziren wage.

Mit Bedauern muß ich konstatiren, daß von den zahlreichen Briefen, welche der unvergeßliche Märtyrer für's allgemeine Menschenglück an seine Genossen entsandte, und die durchgängig gleichsam mit dem Herzblut geschrieben waren — echte Epistel eines darbenden Proletariers über eine schmachbeladene Welt — nur sehr wenige erhalten blieben, weil es längst in den meisten Ländern in den revolutionären Kreisen weder üblich noch rathsam war, irgend etwas Geschriebenes revolutionären Inhalts zu bewahren.

Wie mancher blitzende Gedanke, wie viele große Pläne, welche herrlichen Ausbrüche gerechten Zornes und leidenschaftlicher Begeisterung, welche der Feder Reinsdorfs entstammten, mögen unter solchen Umständen dem Feuer übergeben worden sein?!

Hat unser verstorbener Freund seine Gedanken in der revolutionären Presse zum Ausdruck gebracht, so geschah dies selten unter Nennung seines wahren Namens. Es war ihm niemals daran gelegen, von sich reden zu machen, sondern nur daran, gute Ideen überhaupt dem Volke mundgerecht zu machen.

So, wie er sein ganzes Ich zuletzt der anarchistischen Sache zu Liebe hingegeben, pflegte er jederzeit mehr oder weniger als Namenloser zu wirken und zu kämpfen.

Es war darum auch nichts Leichtes, den Spuren seiner Feder in den Organen des Anarchismus zu folgen. Und in dieser Beziehung verdanke ich es Freunden und Genossen Reinsdorfs, welche den einen oder den andern Aufsatz als von ihm herrührend kannten, daß ich im Stande bin, wenigstens einige Produkte seiner schriftstellerischen Thätigkeit zu reproduziren.

August Reinsdorf war eben überhaupt kein Agitator im gewöhnlichen Sinne des Wortes. Ihm waren gelegentlich gehaltene Reden oder geschriebene Artikel nur Mittel zu einem höheren Zwecke — Anspornung zur That.

Seit er den Anarchismus als sein Ideal erkannt — und das war bereits zu einer Zeit der Fall, wo andere deutsche Arbeiter höchstens bis zu sozialdemokratischen Ideen sich aufzuschwingen vermochten —; seit ihm die Nothwendigkeit einer terroristischen Taktik im Gegensatz zu der bis dahin ausschließlich üblich gewesenen und leider auch jetzt noch nicht gänzlich bei Seite gelegten Taktik des Petitionirens, Stimmens, Parlamentirens, Paktirens und der friedlichen und gesetzlichen Duckmäuserei eingeleuchtet, war all sein Dichten und Trachten nur auf Eines gerichtet, gab es für ihn nur ein Streben, weihte er sein Dasein nur einer Triebfeder der sozialen Revolution, nämlich der

Propaganda der That.

Er darf in dieser Beziehung den edelsten Verschwörern alter und neuer Zeit zur Seite gestellt werden.

Nichts gab es, wovor er zurückgeschreckt wäre. Keine Schwierigkeit hielt er für unüberwindlich. Kein Mißerfolg vermochte ihn zu entmuthigen. Keine Verfolgungen waren geeignet, seinen Muth zu brechen. Im Gegentheil! Je vielseitiger die Hindernisse waren, welche sich ihm in den Weg thürmten, desto hartnäckiger arbeitete er daran, dieselben bei Seite zu schieben. Seine Ausdauer war eine unbegrenzte.

Vergleicht man seinen Privatcharakter mit seinem Handeln als Mann der revolutionären Gewalt, so will es dem Befangenen scheinen, als ob da zwei unversöhnliche Gegensätze in Eins verschmolzen wären. Für den wirklichen Menschenkenner ergiebt sich aber aus dieser Harmonie anscheinend widerstrebender Charakterzüge nur das ungekünstelte, natürliche Wesen einer Menschennatur, die durch eine milde, liebevolle Veranlagung zu dem ingrimmigsten, tödtlichsten Hasse gegen die Institutionen und persönlichen Träger einer auf Raub, Mord und Ungerechtigkeit aller Art basirten „Civilisation" nothwendiger Weise gelangen mußte.

Der Egoismus war für Reinsdorf nur eine Eigenschaft, die in fremden Herzen wohnte; in dem seinigen gab es dafür keinen Raum. Was sein war — und das war stets herzlich wenig — gehörte auch seinen Freunden und Genossen. Mit Darbenden seiner Umgebung theilte er gerne sein Letztes. Brüderlichkeit war ihm kein leerer Schall. Er kannte Noth und Elend aus eigener bitterer Erfahrung; er hatte es oft genug kennen gelernt, was Hungern und Darben heißt. Darum vermochte er auch nicht gefühllos zu bleiben, wenn vor seinen Augen Andere von den Bitternissen der Entbehrung gemartert wurden. Er half, wann und wo er konnte.

Weshalb sollte solch' ein guter Mensch nicht bis in sein tiefstes Innere hinein empört sein, wenn er sah, wie Diejenigen, welche in Ueberfluß schwelgen, und deren Reichthümer nichts weiter sind, als die Resultate eines systematischen Raubes, verübt an Denen, welche bei rastloser Thätigkeit alle Güter der Welt erzeugen, kein Herz haben für die Opfer ihrer Habgier, kein Gefühl für die zwischen Bergen von Genußmitteln elend Verkommenden, keinen Blick für die unverschuldete Armuth?

Weshalb sollte neben der Liebe zur Menschheit in Reinsdorf's Brust kein Raum sein für den Haß, den bittersten, ingrimmigsten Haß gegen eine schlemmende, prassende, ausschweifende Bourgeoisie voller Raubthierinstinkte?

Wieso wäre seine Neigung zum Wohlthun unvereinbarlich mit seinem unwiderstehlichen Drange, Hand anzulegen an die Tyrannen und alle Feinde der Menschheit?

Gerechte Beurtheilung findet hier keine Widersprüche, sondern Konsequenz im Charakter. Reinsdorf haßte aus Liebe.

Darum ist es auch zu verstehen, daß dieser Mann nicht jener brütende, griesgrämige, ungesellige Mensch war, den der Uneingeweihte hinter ihm suchen mochte. O nein! Reinsdorf war trotz aller seiner ernsten Pläne und Handlungen ein recht lustiger, aufgeweckter, freundlicher Gesellschafter, voll heiterer Einfälle und Schnurren.

Diese seine Liebenswürdigkeit, welche er ganz besonders Frauen und Kindern gegenüber an den Tag zu legen pflegte, verlor er selbst dann nicht, als er von einem unheilbaren Brustleiden befallen wurde. Ja, selbst während seiner vielen und langwierigen Gefangenschaften hatte er sie nicht eingebüßt. Heiter ist er in den Tod gegangen.

Gute Menschen und große Charaktere haben stets zahllose und mannigfaltige Feinde. Das hat schon darin seinen Grund, daß solche

Naturen nur von ebenbürtigen Geistern verstanden und geliebt werden. Reinsdorf's Wege kreuzten nicht blos Ausbeuter und Büttel aller Art, sondern auch Verleumder, Ehrabschneider, Denunzianten und ähnliche schofele Gesellen. Aber nur selten würdigte er die Letzteren eines gelegentlichen Fußtrittes; es entsprach seiner Natur weit mehr, sie in der Regel mit stillschweigender Verachtung zu bestrafen.

Kurzum: welche Seite aus Reinsdorf's Wesen wir immer heraus greifen mögen, wir finden nur neue Gesichtspunkte, welche geeignet sind unsere Hochachtung vor diesem wackeren Kameraden zu heben.

Die anarchistische Bewegung hat in ihm einen Pionier verloren, welcher sehr schwer zu ersetzen ist.

Möge er nicht umsonst sein Blut für das Proletariat vergossen haben! Möge sich jeder Revolutionär diesen Heroen zum Vorbild nehmen! Mögen aus Reinsdorf's Gebeinen tausend Rächer erstehen, welche glücklicher sind, wie er, und welche nach vollbrachtem Werke sich der Früchte des Sieges erfreuen können!

Die Jugendzeit.

Reinsdorf wurde am 31. Januar 1849 zu Pegau in Sachsen geboren. Seine Eltern sind schlichte, kleinbürgerliche Leute. Aber wenn dieselben auch nie im Stande waren, jene gewaltige Ideen-Entwickelung, welche in dem Kopfe ihres Sohnes August sich mit der Zeit vollzog, auch nur zu verstehen, geschweige denn sich selber anzueignen, so waren sie doch genugsam mit dem gesunden Menschenverstande ausgerüstet, um zu begreifen, daß ihr wackerer Nachkömmling ein Mensch sei, auf den sie stolz sein durften. Und das waren und blieben sie auch im vollsten Maße bis zuletzt.

In guten wie in schlechten Tagen hegten Reinsdorf's Eltern immerdar eine lebendige Theilnahme an den so ungemein mannigfaltigen Geschicken ihres August. Insbesondere hatte ihn sein Mütterlein in's Herz geschlossen.

Mit gleicher Liebe hingen auch Reinsdorf's Geschwister an ihrem Bruder.

So wenig daher die Jugendzeit unseres Genossen von jenen Schattenseiten, welche in armen Familien auch die Pfade der Kinder begleiten, verschont geblieben ist, so glücklich mag er dieselbe später befunden haben, wenn er im reiferen Alter sich an das Dasein im Vaterhause erinnerte.

Heutzutage kommt der Proletarier selten in eine ähnliche Lage. Mann und Frau ziehen Jahr aus, Jahr ein gleichmäßig am Karren der Fabrik. Die Kinder werden sich selbst überlassen. Erst schläfert man sie Tags über mit Mixturen ein; hernach kugeln sie auf der Straße, oft buchstäblich im Rinnstein umher. Selten hören sie ein liebreiches Wort von den Lippen der Eltern und ach! — nur zu bald werden sie seitens derselben wie junge Sklaven an einen herzlosen Kapitalisten verkauft. Die Noth ist groß, der Lohn knapp, da muß selbst die kleinste Hand angespannt werden, damit Brod ins Haus komme.

Eine solche Jugendzeit hat Reinsdorf nicht erlitten. Es wäre ihm vielleicht sonst ergangen, wie es jetzt Hunderttausenden ergeht. Die schwere Zeit mit ihren Bitternissen hätte ihn nicht zum Revolutionär erzogen, sondern vorzeitig — noch ehe sein Hirn zu ernsteren Reflexionen fähig geworden dem Stumpfsinn überliefert.

Reinsdorf's verhältnißmäßig frohe Jugendzeit und die liebevolle Pflege welche seine Eltern ihm gewährt, waren es gewiß in erste Linie, welche den Grund zu seinem spätern Frohsinn, zu seiner Biederkeit und allen edleren Triebfedern seines Handelns gelegt.

Bildungsinstitute im höheren Sinn des Wortes standen dem Sohne armer Leute nicht offen. Er mußte sich mit einer jener Volksschulen behelfen, in denen neben dem Einmaleins, dem Buchstabiren und Kratzfüße-Zeichnen vor Allem biblischer Unfug und religiöser Geisterglauben gelehrt wird.

Glücklicher Weise scheinen in letzterer Beziehung die Gehirnverhunzer an August mit wenig Glück gewirthschaftet zu haben. Denn auch Diejenigen, welche ihn in seinen jungen Jahren kennen gelernt, schildern ihn als „gottlos“ und religionsfrei.

Es giebt zwar sogar unter Sozialisten noch immer Leute, welche solche Momente als Nebensachen betrachten, während dieselben nichts weniger sind, als das. Ich für meinen Theil bin der Ansicht, daß die e gentliche Logik in dem Kopfe eines Menschen nicht eher Platz greifen kann, als bis all der religiöse Unrath völlig daraus entfernt worden ist.

Um ein wirklicher Revolutionär sein zu können, muß man die Fähigkeit besitzen, mit dem äußersten Scharfsinn zu denken. Alles religiöse Geschwafel aber ist das Gegentheil von Scharfsinn. Ja, wo sich religiöse Floskeln einmal tiefer eingenistet haben, da ist jede geistige Entwickelung eigentlich ausgeschlossen und man hat es förmlich mit einer Art Idiotismus zu thun.

Wenn aber ein Proletarier einmal den alten Herrgott mit seinem Donnerkeil als eine erdichtete Vogelscheuche erkannte, die ein geriebenes Gaunerthum vor das Paradies gestellt, auf daß der Mensch nicht vom Baume der Erkenntniß esse, sondern lieber in Geduld auf die gebratenen Vögel warte, die ihm nach seinem Tode aus himmlischer Küche in den Mund geflogen kommen; wenn der arme Teufel einsehen gelernt, daß sein Namensvetter, womit man ihn zuvor zu ängstigen versuchte, sammt der Hölle ebenfalls nur eine Erfindung malitiöser Schwindler ist, dann legt er auch bald den Maßstab der Kritik an die „hohen“ und „allerhöchsten“ Erden-Götzen. Er verliert den Respekt vor der sogenannten „Obrigkeit“ und lernt dieselbe als eine Rotte gewaltthätiger Menschenschinder mehr und mehr erkennen. Diese Wächter der vorhandenen Reichthümer lenken sein Auge auch auf die Besitzer der Schätze dieser Erde. Und bald dämmert die Frage auf wer denn alle diese Dinge geschaffen habe? Die Antwort findet sich von selbst. Er und Seinesgleichen haben das gethan. Ihnen gehört daher die ganze Welt. Sie brauchen nur zuzugreifen. So wird der Gottlose zum Revolutionär par excellence.

Diesen Entwickelungsgang bis zu seinen äußersten Consequenzen hat auch August Reinsdorf durchgemacht.

Nach Absolvirung der Volksschule trat unsere Kamerad in „Lehre“, und zwar wurde er Schriftsetzer. Besondere Vorkommnisse während diese Periode in Reinsdorfs Leben sind nicht zu meiner Kenntniß gelangt. Wer aber selbst einmal „Lehrjunge“ gewesen ist, der weiß auch, daß die Lehrlingszeit nicht zu den fröhlichsten Epochen des Lebens zu rechnen ist. Von allen Seiten geknufft und chikanirt, muß der junge Mensch neben seiner eigentlichen Thätigkeit auch noch Hausknecht, Laufjunge, Mädchen für Alles und aller Herren Diener spielen. Der einzige Trost, welche den Lehrling gewöhnlich aufregt erhält, besteht in der Meinung, daß er nach ausgestandener Lehrzeit „selbstständiger“ Arbeiter sein werde, und daß ihm dann die ganze Welt offen stehe. Jugendliche Illusionen!

Ein gesunder Man hat in Deutschland zu gewärtigen, daß er, bald nachdem er der lehrmeisterlichen Zuchtruthe sich entwunden hat, dem Korporalstocke der Kasernen zwangsweise überantwortet, resp. in einen Blut- und Eisensklaven auf drei Jahre (spätere Militärleistungen ungerechnet) verwandelt wird.

Dieser Leidenskelch ist an August Reinsdorf glücklicher Weise vorüber gegangen; oder umgekehrt: Reinsdorf hat sich an der Kaserne vorbei gedrückt. Das ist wiederum ein Beweis von welch' freiheitlichem Streben er schon frühzeitig durchdrungen war.

Zu Ostern 1865 hatte er „ausgelernt“. Und fort ging es, hinaus in die weite, weite Welt, hinein in die rauhe Schule des Lebens, welche unserem Freunde nur zu viele Bitternisse zu kosten gab.

Von Ort zu Ort.

Ueber die Kreuz- und Querzüge, welche Reinsdorf nach Beendigung seiner „Lehre“ unternahm, theilt uns ein langjähriger Freund und Gewerksgenosse unseres Helden die im vorliegenden Kapital enthaltenen Einzelheiten mit.

Die erste Arbeit bekam Reinsdorf, schreibt unser Gewährsmann, im nahen Leipzig, von wo er jedoch bald abreiste und nacheinander in Neuruppin bei dem bekannten Kriegsbilderfabrikanten Kühn, in Berlin, Stettin, Hannover, Naumburg, Mainz und Mannheim arbeitete. Hatte er schon während seiner Lehrzeit bewiesen, daß einst ein tüchtiger Fachmann aus ihm würde, so war dies jetzt noch mehr der Fall, und alle Collegen haben ihm schon damals neidlos die Anerkennung gezollt, er sei einer der tüchtigsten Schriftsetzer deutscher Zunge. So lernte ich ihn im Jahr 1869 kennen. Er kam als junger Handwerksbursche nach L., einem süddeutschen Fabrikstädtchen, und fand dort Arbeit, die jedoch nur von kurzer Dauer sein konnte, weil er militärflüchtig war und jeden Augenblick gewärtig sein mußte, eingezogen zu werden. Trotzdem ging er von hier nicht direkt nach der Schweiz oder Frankreich, das ihm Schutz gewährt hätte, sondern trieb sich noch bis 1871 in Baden und Württemberg herum und arbeitete in Freiburg, Mannheim, Stuttgart, Tübingen, Meßkirch und Rudolfzell, von wo er nach Winterthur ging und in der bekannten Bleuler-Hausherr'schen Buchdruckerei längere Zeit arbeitete. Seine folgenden Conditionsorte waren Genf, St. Gallen, Zürich, Bern, Luzern, Basel, Solothurn, Freiburg, Lausanne und eine Menge kleinerer schweizerische Städtchen, in denen er sich theils als Mitglied der Helvetischen Typographia, theils als Agitator der damals in Blüthe stehenden „Deutschen Vereine" und der schweizerischen Arbeiterpartei hervorthat. Wollte ich das Feld seiner schweizerischen Thätigkeit während der Jahre 1871–1876 specieller verfolgen, es würde die Leser, trotz so verschiedener interessanter Details, schließlich doch ermüden, und es genüge daher, aus dem Gesammtwirken unseres großen Freundes und Genossen August Reinsdorf einige weniger bekannte Episoden herauszugreifen.

Schon in Winterthur wurde Reinsdorf mit einigen sozialdemokratischen Arbeitern bekannt und nahm die Lehre von der Gleichberechtigung aller Menschen mit ungewöhnlichem Ernste auf, als er aber erst nach Genf kam und unter den dortigen radikalen Emigranten aller Länder und Zonen die sociale Frage in einer Art und Weise besprechen hörte, die seinem feurigen Temperamente am meisten zusagte, da war er sofort ein k o n s e q u e n t e r Socialist, sein ganzes Leben der großen Frage der Armen und Bedrückten weihend. Seine Bekanntschaft mit Philipp Becker, Bakunin, Krapotkin, Brousse und Andern ermöglichte ihm einen lehrreichen Ideenaustausch, als dessen Ergebniß er mir Anfangs 1874 schrieb: „. . . . . Ich sehe es schon, lieber Freund, unsere Wünsche und Hoffnungen können nicht anders realisirt werden, als durch eine zweite Bartholomäus-Nacht, d. h. wer sich der w a h r e n Lösung der sozialen Frage wiedersetzt, der wird eben einfach auf's Dach geschlagen. . . . . man hat doch nachgerade genug Lehre genossen, wie es unsere Gegner mit der Aufrechterhaltung ihrer „göttlichen Weltordnung" u n s gegenüber halten; sei daher versichert, wer Dir mit der Phrase von der „friedlichen Lösung der sozialen Frage" etwas vorfaselt, ist ein Wicht und meint es nicht ernst mit unserer Sache. . . . ."

War Genf der Ausgangspunkt, die Elementarschule unseres Freundes als Socialist, so war Zürich die Hochschule, auf welcher er sein reiches Talent ausbildete und Stein um Stein dem Schatze seines ganzes Wissens beifügte. Freilich wehte zu jener Zeit ein anderer Geist durch die Reihen der Züricher Freiheitspioniere, dieses Element war noch nicht verunreinigt und degenerirt durch die Horde der professionsmäßigen „Verbannten" und charakterlosen Gewerbssozialisten. Ich erinnere nur an die damalige Sprache der „Tagwacht", von Greulich redigirt.

Das war eine urkräftige geschmackvolle Kost für die an den ungesalzenen und ungesäuerten Teig einer „Grütlianer"- und „Landboten"-Lektüre gewöhnten schweizerischen Arbeiter, und bald genug machte sich die Wirkung dieser geistigen Nahrung bemerkbar. In Stadt und Land wurden Versammlungen arrangirt, die immer sehr gut besucht waren und in welchen auch Reinsdorf sehr oft als Referent auftrat, immer durch seine klare, radikale Redeweise den reichsten Beifall erntend.

Keiner aber von Jenen, die Reinsdorf in Zürich und auch anderswo kennen lernten, wird sich erinnern können, ihn jemals auf einer Inkonsequenz bezüglich des Sozialismus ertappt zu haben. Wer, und wäre es selbst Einer der aus der nachherigen Entwickelung der Parteiverhältnisse ihm zum erbittertsten Gegner gewordenen Friedensmenschen, könnte ihn einer Feigheit oder irgend eines unmännlichen Betragens zeihen? Und doch hatte er schon zu jener Zeit viele erbitterte Feinde, denen sein folgerichtiges Vertreten und Verbreiten der sozialistischen Ideen nicht in den Kram ihrer beutegierigen Kantönlispolitik paßte, die es in den „Agitations"-Reden so eingerichtet haben wollten, daß jede gegnerische Meinung geachtet und geschätzt, daß **sämmtliche** Pelze gewaschen und **keiner** naß gemacht würde. Es waren dies jene Zwittergeschöpfe, die einerseits in Schulze-Delitz'schem Selbsthülfe-Wasser, andererseits in Lassalle'schem Wahlfusel, vermengt mit etwas Weizel'scher Glückseligkeitesäure und einigen Bürkli-Vögeli'schen demokratischen Oeltröpfchen eine Mixtur zusammensetzen, in die sie den Embryo des Zukunftsstaates einsetzen, welcher inzwischen recht ranzig geworden ist. Reinsdorf klopfte diesen Staatsseelen von Anfang an auf die dreckigen Finger und brachte es durch eine Rede, die er in Bern, in der Matte, hielt, sogar zum offenen Bruch. Ich komme gleich auf diese Affaire zurück, will aber vorher noch zweier Ereignisse gedenken, die nicht unwesentlich für die richtige Beurtheilung unseres Freundes sind. Als Bernhardt Becker von Braunschweig in den Hosen und mit dem Gelde des bekannten Bracke **durchging**, um im Auftrage des letzteren eine Geschichte der Pariser Commune an Ort und Stelle zu schreiben, kam er zuerst nach Zürch, um, wie er selbst sagte, sich von den Strapazen der Reise einige Tage bei seinen dortigen „Genossen" zu erholen. Ich habe die „Genossen" deshalb in Gänsefüßchen gesetzt, weil Becker bekanntlich alle Diejenigen als Freunde betrachtete, die ihm mit Hülfe von Futter und Moneten über die Fährlichkeiten dieses schnöden Lebens hinweghalfen. Ueber diese Anwesenheit Beckers schrieb mir Reinsdorf s. Z.: „.....Dieser Tage ist der alte Bernhardt hier angekommen. Wir kommen Alle jeden Abend zusammen und da giebt er vieles aus seinen Erlebnissen mit Lassalle und der Gräfin Hatzfeld zum Besten; er ist ein ausgezeichneter Gesellschafter und man kann ihm lange zuhören, wenn er am — Lügen ist, da er es meisterlich versteht, durch seine Vortragsweise die größten Unwahrscheinlichkeiten glaubhaft zu färben. Abgesehen von dieser Untugend, macht der Kunde überhaupt keinen guten Eindruck auf mich, und ich kann nicht begreifen, wie gerade G. und U. einen so großen Narren an ihm gefressen haben. Da erzählte er z. B. über Lassalle und die Gräfin das folgende pikante Stückchen: „Wir waren bei der Gräfin, Fritz Mende war da, und unterhielten uns über Dieses und Jenes. Es wurde spät und als wir aufbrechen wollten, lud uns die Gräfin mit einer Selbstverständlichkeit, bei ihr zu übernachten, die jede Absage als Beleidigung hätte erscheinen lassen können. „Ich habe ja Raum genug. Lassalle schläft im Eckzimmer gleich neben mir, Sie, Herr Becker, nehmen von dem Kabinet links meines Schlafzimmers Beschlag und Mende nimmt vom hinteren Stübchen Besitz, so bin ich von drei starken Männern umgeben und träume gewiß süß. Die Zimmer sind mit einander verbunden und falls sich die Herren Nachts besuchen wollen, lasse ich die Thüre offen, aber ja nicht stören, Lassalle," — sagte die Gräfin, und wir fügten uns in unser Schicksal." — Du siehst, ob die Sache nun wahr oder erlogen, Recht ist es jedenfalls nicht, die Freundschaft einer immerhin nicht zu verachtenden Frau, wie der Gräfin, derart zu mißbrauchen. . . . . Becker geht von hier nach Paris, um auf den blutgetränkten Fluren von Satori die Heldengeschichte der Commune zu studiren, um, wie er sagt, dem arbeitenden Volke eine „wahre ungeschminkte Beschreibung jener großen Tage an die Hand zu geben, an der es sich aufrichten und stählen kann für fernere Kämpfe." Ich glaube ja gerne, daß Becker diese Absicht hat, aber er scheint mir etwas Charakterlump zu sein und ich fürchte, er wird uns noch schaden." So Reinsdorf über Becker, lange bevor der Letztere seine wahrhaft skandalöse „Geschichte der Pariser Commune" bei Wiegand in Leipzig erscheinen ließ. Ich zeigte im Jahre 1877 dem damals auf kurze Zeit in Zürich anwesenden Genossen Töll (in Frankfurt zweimal als sozialistischer Reichstagskandidat aufgestellt und später dort gestorben) diesen Brief Reinsdorf's welcher Becker jedoch sehr in Schutz nahm und eher alles Andere von dem „treuen alten Kerl" erwartete. Die nächste Zukunft hatte Reinsdorf aber recht gegeben.

Durch seine Thätigkeit sowohl in der Arbeiterpartei, wie auch unter den dortigen Buchdruckern, war es Reinsdorf unmöglich, in Zürich Arbeit zu bekommen, und er ging im Jahre 1875 mit seinem Bruder, den er zufällig traf, über Frauenstadt, wo er einen Vortrag hielt und den Anstoß zur Gründung einer sozialistischen Sektion gab, nach St. Gallen, von da nach Bern, wo er eine rege Thätigkeit entwickelte und fast jeden Tag in einem anderen Verein Vorträge hielt. Nach und nach wurde die Berner Arbeiterschaft geradezu revolutionirt; es wurden deutsche, russische, französische, italienische Sprachgruppen gegründet, kleine Zirkel zielbewußter tüchtiger Kräfte. Die Steinhauer, die Zimmerleute, die Weißputzer, die Maler, die Schuhmacher und Schneider, jedes Gewerbe wurde organisirt und „August" mußte überall seine feurigen Reden halten; er war der thatsächliche Leiter der Berner Bewegung. Aber diese Art Propaganda, dieses Hinwerfen der nackten, unverfälschten Wirklichkeit, dieses jähe, mächtige Erwecken des Klassenbewußtseins, dieses wilde Anfachen des noch schlummernden revolutionären Funkens sagte den schulmeisterlichen Kantönlissocialisten nicht zu; und bei einer schon vorher erwähnten Versammlung in der „Matte", in der die gesammte Arbeiterschaft Berns vertreten war, kam es zum Bruch. Der Saal und die Nebenzimmer waren zum Erdrücken voll. Auch die Bourgeois waren da; handelte es sich doch um ein Verdammungs-Urtheil gegen eine Ausbeuterhöhle in nächster Nähe Berns, gegen die in der Felsenau betriebene Spinnerei eines Berner Patriziers, und war doch auf der Einladung zu lesen: Referent August Reinsdorf. Andächtig lauschten die Arbeitssklaven den beredten Worten ihres Anwaltes und Mitleidenden. Stürmischer Beifall unterbrach die hervorragenden Punkte seiner Rede des öftern, die Stimmung unter den anwesenden Arbeitern war eine derartige, daß es den Bourgeois sehr unräthlich erschien, sich remonstrirend zu benehmen, — da geschah das bis jetzt in den Annalen der schweizerischen Arbeiterbewegung Unerhörte, selbst die „Tagwacht" hatte sich in ihrer kräftigen Schreibweise noch nicht so weit verstiegen, wie dieser „heimathlose, überall Aufruhr predigende deutsche Militärflüchtling," — wie Reinsdorf Tags darauf von den republikanischen Schweizerzeitungen genannt wurde — als nämlich Reinsdorf zum Resume seines Vortrages kam, sagte er ungefähr: „.... Und an all' diesem Elende tragen die Arbeiter selbst die größte Schuld, mit ihrem einfältigen Hoffen und Glauben an bessere Zeiten, mit ihrer Zuversicht auf die Hülfe eines höheren Wesens, das sie aus Noth und Drangsal befreien soll, wenn es nur gehörig angegröhlt wird. Ich sage Euch aber, daß Euch Niemand helfen wird, außer Ihr thut es selbst und Ihr werdet es auch nicht können, so lange Ihr (wörtlich) an dieses gottverdammte Herrgöttliswesen glaubt, das besonders unter Euch Schweizern noch so vorherrscht. Zum Teufel daher mit diesem Gotteswahn, und an Stelle dessen die popularisirte Wissenschaft! ...." Da erhob sich der Bürger Salzmann, ein Kerl, der sich kurze Zeit darauf als ganz gemeiner Geschäfts-Sozialist entpuppte, und nahm das Wort zur Debatte, in welcher er sich mit dem Vortrag einverstanden erklärte, — aber der Gottesglauben habe mit dem Sozialismus nichts zu thun und man müsse in dieser Beziehung Niemanden beleidigen. Der Nazarener sei ja selbst ein großes Vorbild des Sozialismus, und wie denn Reinsdorf beweisen wolle, daß es keinen Gott gebe, und ähnlichen Unsinn mehr, der auch von einem Theil der anwesenden Arbeiter zustimmend angehört, von Reinsdorf in seiner Replik aber derart verarbeitet wurde, daß die große Versammlung ihm stürmisch zujubelte und unter Absingung der Marseillaise sich vertagte. Aber der Anlaß zum Conflikt war gegeben, und die Mitglieder der "Federation Jurassienne" benutzten die Gelegenheit, Reinsdorf und seinen Freunden zu gratuliren, während Salzmann und sein Anhang, unterstützt von den Ueb-immer-Treu-und-Redlichkeits-Aposteln des „Grütlianers", energisch Front gegen die radikale Strömung machten, und sich sogar zu Zeugen anerboten, als der „ehrgekränkte" Fabrikant in der Felsenau Reinsdorf verklagte. Zugleich wurden aber auch die paar Berner Druckereiprinzipale darauf aufmerksam gemacht, was für ein „chaibe Kerle" dieser Reinsdorf sei; und dieser hatte in Bern nichts mehr zu suchen, d. h. er wurde eben unmöglich gemacht und gemaßregelt und zog nach Lausanne. Vorher aber noch wurde eine Vereinigung mit der "Federation Jurassienne" angebahnt, ein Werk, an dem Reinsdorf und Brousse den Löwenantheil hatten, und aus dem nachher der deutsche Anarchismus herauswuchs.

Die folgende Zeit benutzte Reinsdorf dazu, gute, tüchtige Kräfte zu sammeln, um mit diesen dann nach Deutschland zu gehen und der immer mehr verspießernden Sozialdemokratie ein Halt! zuzurufen und die Arbeiterbewegung in die radikalen Bahnen des anti-autoritären Sozialismus zu lenken. „Ich halte es nicht mehr länger in diesem freien Lande aus," — schrieb er mir Anfangs 1877 — „denn erstens bekomme ich ja nirgends mehr Arbeit, weil man mich überall kennt und für einen Menschenfresser hält, und zweitens habe ich Heimweh nach dem geknechteten und verrathenen Geburtslande, — Du wirst lachen, lieber Junge, über diese an mir sonst nicht gewohnte Sentimentalität, aber es ist wahrhaftig so — ich sehe alle Tage mehr ein, daß man wohl auch in fremden Ländern wirken und schaffen kann für unsere Sache, die ja überall die gleiche ist, aber es muß doch ein ganz anderes Gefühl sein, auf heimathlicher Erde für unsere große Idee persönlich einzutreten; und ich fühle jetzt schon eine gewisse Aufregung in mir, wenn ich daran denke, wie ich vielleicht in einigen Wochen schon mich mitten unter den Sozialhottentotten befinde und ihnen in Gemeinschaft mit E. die verkleisterten Schädel aufweiche .... „dann habe ich aber auch noch eine unbezwingliche Sehnsucht nach „mi'm guata Müetterli," wie Du sagen würdest, und ich freue mich schon schon lange auf die Stunde, die mir den lang entbehrten Anblick meiner Mutter wieder bringt .... Wir werden also jedenfalls längere Zeit nichts mehr von einander hören, denn Du weißt, daß ich „incognito" reisen muß und da ist es vorderhand am gerathensten, „verdächtige" Bekanntschaften etwas zu reserviren ...."

August Reinsdorf zog der Heimath zu und fand bald in Leipzig Arbeit, wo er als Amerikaner unter dem Pseudonym John Steinberg in allen Versammlungen der Sozialdemokraten auftrat und den anarchistischen Standpunkt voll und ganz vertrat.

Anfangs wurde August nur von Wenigen sekundirt, aber nach und nach schaarte sich doch ein kleines Häufchen um den „Amerikaner" und seinen Freund, von welch' ersterem nebenbei gesagt, bald genug Jeder wußte, daß seine Wiege in dem nahen Pegau stand, sintemalen er in seiner Unvorsichtigkeit und Tollkühnheit sogar zwei oder dreimal sein „Mütterle" besuchte. Was Wunder, wenn auch schließlich die Polizei etwas aufhorchte und sich den in der sächsischen Mundart so bewanderten Yankee etwas näher betrachtete; wozu sie umsomehr sich berechtigt glaubte, als sogar ein Sozialdemokrat, der jetzige Redakteur des Philadelphia Tageblattes, Werner, in öffentlicher Versammlung, ich glaube es war in Schkeuditz, die prinzipiellen Angriffe Reinsdorf's und seiner Freunde derart widerlegen zu müssen meinte, daß er ungefähr sagte, es wären Leute im Saale anwesend, „die fortwährend das große Maul hätten, denen man es aber leicht stopfen könnte, wenn man sie beim richtigen Namen nennen würde!!!" Nebst der Agitation in Leipzig selbst wurde aber von Reinsdorf dieselbe auch per Correspondenz nach Auswärts getragen.

Noch vor dem Hödel'schen Attentat machte August den Standpunkt der Wahlenthaltung geltend, und selbst unter seinen intimsten Freunden wurde ihm opponirt, da man sich eben zu sehr in dieses Kinderspielchen verrannt hatte. Nachdem Hödel geschossen hatte und die bekannten Maßregeln getroffen wurden, gingen auch diesen die Augen auf und sie fanden, daß die „Volksvertretung" weiter nichts als eine Marionette ist. Als der bekannte Polizeirath Krüger von Berlin in der Hödel'schen Sache Reinsdorf verhörte, sagte er zu ihm. „Wissen Sie, Herr Steinberg, ich weiß ganz bestimmt, daß Sie nicht so heißen, und wenn ich jetzt auch keine Beweise für Ihre Identität an Hand habe, so denke ich doch, daß wir uns nicht das letzte Mal getroffen haben." Der Boden Leipzigs wurde also etwas heiß und August ging — nicht.

Er wurde nun sogar auf Veranlassung höheren Ortes mit seinem Freunde aus dem Geschäft entlassen, und ihm der Rath gegeben, so geschwind wie möglich sich unsichtbar zu machen und trotzdem wollte er noch einige Tage bleiben. Es war ein schöner Herbstsonntag-Nachmittag, wir besuchten einen (jetzt in New York weilenden) Genossen in dem nahen Connewitz, unterhielten uns zum Abschiede von den zwei bewährtesten Freunden und Genossen noch über die nun einzuschlagende Taktik und trennten uns Abends spät, mit dem Versprechen, auszuharren. Wir sollten uns aber noch einmal sehen, denn andern Tages früh um 4 Uhr wurde August verhaftet, da ein Polizist beschworen hatte, daß er ein Schulkamerad zu ihm sei, und daß er nicht Steinberg, sondern August Reinsdorf heiße. Wir waren selbstverständlich sehr betrübt über diese Wendung und beriethen, was zu thun sei. Währenddem wurde aber Reinsdorf auf Ehrenwort bis Nachmittags 3 Uhr, zu welcher Zeit die Verhandlung stattfinden sollte, wieder frei gelassen, da er mit Berufung auf seinen amerikanischen Paß rundweg alles ableugnete und energisch verlangte, vor seinen Konsul geführt zu werden. Obwohl Reinsdorf den Polizisten sofort als einen Schulfreund wieder erkannte, wußte er sich so gut zu verstellen, daß selbst der Polizist unsicher wurde, und Reinsdorf wurde direkt vor den Polizeipräsidenten, den bekannten 48er, Dr. Rüder, geführt. „Ich gebe Ihnen den Rath, junger Mann, heute noch Leipzig zu verlassen," sagte dieser zu unserm Freund, und am andern Tage befand sich Reinsdorf bereits in München, von wo er, ein thatsächlicher Ahasverus, über Salzburg, Oesterreich, einen Theil von Böhmen, Wien, Preßburg nach Pest ging. Lange hielt er's nicht aus dort unten. Wir finden ihn bald wieder in der Schweiz, um sich für ein Attentat zu rüsten.

Reinsdorf wird Anarchist.

Im vorigen Kapitel hat unser Gewährsmann bereits angedeutet, wie Reinsdorf Anarchist geworden, allein er ging auf verschiedene Einzelheiten, die erwähnt werden müssen, nicht ein, weshalb ich dieselben nachzutragen habe.

Der Leser hat nun bereits bemerken können, wie Reinsdorf durch die sozialen Verhältnisse einerseits und die Haltung der sozialdemokratischen Agitatoren der Schweiz andererseits immer mehr nach links gedrängt worden ist, bis schließlich sein Verbleiben in einem gemeinsamen Organisations-Rahmen mit den Machern des „Arbeiterbundes" zur Unmöglichkeit sich gestaltete.

Er zog sich aber keineswegs zurück, wie so manch Einer, dem es in einer Arbeiter-Verbindung unbehaglich geworden, leider schon gethan hat, sondern er nahm nur präciser Stellung, als zuvor, indem er sich der „Internationalen Arbeiter-Association" beigesellte.

Bald darauf kam noch ein anderer Umstand hinzu, der geeignet war, einen Mann, wie Reinsdorf, zu energischerem Vorgehen anzuspornen. Er wurde nämlich nicht blos seitens seiner Ausbeuter, sondern auch noch durch deren Lanzknechte, die Polizeilümmel, gechuhriegelt.

Solche Maßregelungen haben in der revolutionären Bewegung stets einen guten Erfolg gehabt. Wankelmüthige Geister drücken sie nieder und bewirken so deren Verschwinden, was natürlich nur von Vortheil ist, weil mit derartigen Leuten in ernsteren Momenten ja doch nichts anzufangen wäre. Gesunde Rebellen-Naturen aber werden durch die Schläge der Reaktion nur zu um so hartnäckigerem Kampfe angestachelt. Im Juli 1876 wurde Reinsdorf nebst einem anderen Genossen in Lausanne verhaftet, weil sie gelegentlich eines Schneiderstrikes für die Ausständigen in die Schranken traten und von Lyon importirte Scabs zu bewegen suchten, wieder abzuziehen. Allerdings war man nicht im Stande, ihn auch richterlich zu verurtheilen, weil mehr als 200 Arbeiter im Gerichtssaale erschienen waren und eine sehr drohende Haltung einnahmen; allein sein Prinzipal wollte nichts mehr mit ihm zu thun haben und sorgte gleichzeitig dafür, daß er auch sonst keine Arbeit bekam. In einer Correspondenz an die Berner „Arbeiter-Zeitung" sagte Reinsdorf damals, anknüpfend an diesen Fall: „Ah! durch deine Handlungen beschämte, feige, scheinheilige Bourgeoisie, du säest? Wohlan, du wirst ernten." — Bald darauf bethätigte sich Reinsdorf sehr lebhaft in Bern, wo jedoch die Anhänger des damals allmächtigen Redakteurs der „Tagwacht“, Greulich, und wiederholt dieser selbst auf Tritt und Schritt ihm entgegen trat, weil er „zu radikal“ vorgehen wollte. Es gab heftige Auftritte in Versammlungen; und der „Unverstand der Massen“ feierte vorübergehend „große Triumphe“, aber eben nur vorübergehend, denn nachdem Greulich, „Tagwacht“ und der davon inspirirte „Arbeiterbund“ längst den Weg allen Fleisches gewandelt waren, kam Reinsdorf erst so recht in seine Sphäre, die revolutionäre Propaganda.

Im Oktober 1876 fand zu Bern der 8. General-Congreß der „Internationalen Arbeiter-Association“ statt, indem bekanntlich die Internationale nicht, wie vielfach angenommen wird, nach dem Congreß von Haag (1672) sich auflöste, weil lediglich die Autoritären (Marxisten) sich verdufteten und in New York, wohin man den sogenannten Generalrath pro Forma verlegt hatte, ihr offizielles Begräbniß verkünden ließen, während die anarchistischen Elemente der Internationale unter dem alten gemeinsamen Banner ein sehr gesundes Leben weiter führten.

Zu dem Zustandekommen des Berner Congresses hat Reinsdorf sehr viel beigetragen; auch nahm er als Delegirter einer Berner Gruppe lebhaften Antheil an den Arbeiten desselben. Endlich kann ich nicht unterlassen, zu konstatiren, daß er für die „Berliner Freie Presse“ einen ausführlichen Congreß-Bericht einsandte.

Letzterer Umstand bedarf einer genaueren Explikation.

Kurz nachdem ich im Juni 1876 das Gefängniß am Plötzensee, wo ich wegen Vertheidigung der Pariser Commune 26 Monate lang eingesperrt war, verlassen und die Redaktion der „Berliner Freien Presse“ übernommen hatte, kam Reinsdorf auf einige Wochen (unter dem Namen Steinberg) nach Berlin. Ein russischer Genosse machte mich mit ihm bekannt.

Wir unterhielten uns in einer sehr lebhaften Weise; denn es störte mich gar nicht, daß Liebknecht schon damals die Parole ausgegeben hatte, man solle sich vor Reinsdorf hüten, indem derselbe Polizeispion sei.

Eines Tages — die Szene ist mir noch so lebhaft vor den Augen, als ob sie erst gestern passirt wäre — gingen wir „Unter den Linden“, in der Nähe jenes merkwürdigen Fleckchens Erde, wo Nobiling zwei Jahre später seine historischen Schrotkörner dem weiland Kartätschenprinzen in den vermaledeiten Balg gejagt, auf und ab und sprachen über die deutschen Parteiverhältnisse.

Reinsdorf hatte davon eine sehr geringe Meinung. „Was seid Ihr denn,“ sagte er, „eine Stimmzettel- und Zeitungsleser-Partei, weiter nichts. Mit solchem Material lockt man aber keinen Hund vor den Ofen.“

Ich ließ sein Urtheil über die deutsche Sozialdemokratie durchaus nicht so ohne Weiteres gelten, sondern argumentirte mit ihm und nannte unter seinen fortwährenden Widersprüchen die Partei eine revolutionäre. Die Unterhaltung wurde zuletzt so laut, daß uns gerade vis-a-vis vom Kaiser-Palais, wo wir — der Russe, Reinsdorf und ich — Posto gefaßt hatten, ein Schutzmann mit Arretirung drohte, weil wir, wie er sagte, die Passage versperrten, und seinen Befehlen, nicht stehen zu bleiben, gar keine Beachtung schenkten.

Reinsdorf betonte schließlich die Nothwendigkeit, zur Propaganda der That zu schreiten, wenn etwas aus der Bewegung werden solle. Wir sind in diesen Stücken damals nicht einig geworden, doch muß ich gestehen, daß Reindorf's Worte auf mich einen mächtigen Eindruck machten. Auch verabredeten wir, mit einander in Correspondenz zu bleiben. Reinsdorf schrieb van da ab anonym für die „Berliner Freie Presse", ein Umstand, der Liebknecht das Herz abgedrückt hätte, wenn er ihn hätte ahnen können. Der Congreß-Bericht gehörte zu den ersten Arbeiten dieser Art. Leider ist mir meine Sammlung der „B. Fr. Pr." gelegentlich meiner Verhaftung in London abhanden gekommen, so daß ich von diesbezüglichen Reproduktion absehen muß.

Dagegen gebe ich im Nachstehenden einige sehr beherzigenswerthe Artikel, welche Reinsdorf zur nämlichen Zeit für die Berner „Arbeiter-Zeitung" geschrieben hat.

In der Nummer vom 16. Nov. 1876 findet sich der folgende Aufsatz, welcher erst gestern geschrieben worden sein könnte:

Sind die Internationalen praktisch?

„Nein, die Internationalen sind nicht praktisch, denn die Reaktionäre und Dummköpfe, die lieberalen und radikalen Zeitungsschreiber, die Auch-Socialisten und Stellenjäger sagen es — und wer zweifelt dann noch?

In der Schweiz gibt es 22 Kantone und in allen regiert das „Volk". — So sagt man; aber betrachten wir dieses „Volksregiment"! — Das Volk, das arbeitende nämlich, wird in allen 22 Kantonen ausgebeutet, gerade wie in Preußen oder Rußland; es hat nicht genug zu essen, wohnt schlecht, stirbt frühzeitig, verkrüppelt, ist schlecht erzogen, schlecht geschult, trinkt Schnaps statt Wein, begeht theilweise aus Noth oder anderen Gründen Verbrechen, kommt in's Zuchthaus u. s. w. — gerade wie in Preußen oder Rußland. — Aber doch „regiert" das „Volk!" — so sagt man, und die Internationalen wollen es nicht glauben.

In einzelnen Kantonen sind die Radikalen am Ruder, diese „Volksfreunde", wie z. B. im Kanton Bern, aber trotzdem leidet das Volk, das arbeitende nämlich, es wird mißhandelt und von der Polizei sogar geprügelt — im Kanton Uri ist's nicht schlechter, und in Preußen und Rußland prügelt man das Volk auch — aber trotzdem regiert im Kanton Bern das Volk — nur die Internationalen wollen es nicht glauben.

Im Kanton Zürich sind die Demokraten, diese „Volksretter", am Ruder, aber trotzdem geht's dem arbeitenden Volke nicht gut und es seufzt über schlechte Zeiten; die Polizei hat zur Bändigung einen „Hagelschwanz" — aber trotzdem regiert das Volk — nur die Internationalen sind anderer Ansicht.

Der Kanton Waadt hat eine radikale Regierung, aber sie ließ die strikenden Arbeiter einsperren und die Polizisten tragen zum Zeichen ihrer Würde einen großen Knüttel: — aber das Volk regiert ja! — nur die Internationalen sagen Nein.

Im Kanton Genf sind wieder die Radikalen gewählt — dieselben Radikalen, die die 50 Milionen-Erbschaft so vortheihaft für's „Volk" angewendet haben, daß nur die Reichen etwas spüren. Das Volk aber hungert und darbt und die arbeitslosen Bijoutiers klopfen Steine. Nun sie gehören zum Volke und das „regiert"; — die Internationalen wissen das nur nicht.

Die Internationalen sind nicht praktisch. Wenn irgendwo ein Arbeiterkandidat gewählt werden soll, so sagen sie, der macht's Kraut nicht fett, denn „viele Hunde sind des Hasen Tod," und mit der Zeit wird er sich Glacéhandschuhe kaufen und von Entwicklung sprechen und Bourgeois werden — wir haben Exempel! — oder wenn er roth bleibt. wird er nicht wieder gewählt — wir können mit Beispielen exempliren — aber die Internationalen sind nicht praktisch.

Wenn ein Arbeitergesetz gemacht werden soll, so sagen die Internationalen, das hilft nicht viel, es müßten hundert Arbeitergesetze gemacht werden, wenn nur ein wenig Vortheil herausschauen sollte und dann kommt es immer noch auf ihre Handhabung und Ausführung an — denn wir haben Beispiele; — auch dauert die Berathung eines Arbeitergesetzes gewöhnlich 3 Jahre — und dann ist's verpfuscht — aber die Internationalen sind nicht praktisch! —

Wenn am Gotthardtunnel die Arbeiter gemordet werden trotz Republik und Volksherrschaft, trotz Demokratie und Radikalismus, trotz Arbeiterbund und Grütlivereine, so sagen die Internationalen: „Bevor die Verhältnisse nicht geändert werden, wird das immer so bleiben", — aber die Internationalen sind nicht praktisch.

Und wenn die Regierung von Genf und Bern die ultramontanen Pfaffen verjagen, aber dafür andere Pfaffen bringen, die sich nur dadurch unterscheiden, daß sie noch einmal so theuer sind, so sagen die Internationalen: „Pfaff ist Pfaff, Pfafferei ist Unsinn, ob ultramontan oder „altkatholisch", und solcher Pfaffenkampf ist eine radikale „Spiegelfechterei" — aber die Internationalen sind nicht praktisch.

Ja, die Internationalen sollen alle diese Spiegelfechtereien mitmachen — dann wären sie „praktisch" — so meinen die Dummköpfe, die liberalen Zeitungsschreiber, die Auch-Socialisten und Bourgeois.

Die Internationalen wollen aber die Abschaffung der bestehenden ökonomischen Mißverhältnisse, die Einführung der ökonomischen Gleichheit, die Gemeinsamkeit der Arbeitsmittel und des Arbeitsertrages, die Abschaffung der Privatausbeutung, der Ausbeutung des Menschen durch den Menschen. Dann wird das arbeitende Volk in der Schweiz nicht mehr hungern und darben, verkrüppeln und schlecht erzogen sein, nicht mehr Fusel statt Wein trinken, nicht mehr von der Polizei geprügelt werden. Dann wird es aber auch mit der Herrschaft der Liberalen und Radikalen, der Dummköpfe und Bourgeois 2c., vorbei sein — und das ist sehr praktisch!

Ja, weil die Internationalen so sehr praktisch sind, deßhalb schreien die Zeitungsschreiber der Reaktionäre: „Die Internationalen sind nicht praktisch!" obgleich sie wissen, daß es nicht lange mehr dauern wird, wo ihnen vor der Praxis der Internationalen die Haare zu Berge stehen werden."

In der Nummer vom 30. Dezember 1876 finden wir eine Correspondenz aus Genf, in welcher eine zwischen Socialdemokraten und Anarchisten stattgehabte Diskussion geschildert wurde. Unter Anderem hatte auch Reinsdorf das Wort ergriffen. Seiner Rede entnehme ich folgende Stellen:

„Ein Emanzipationsmittel für die Unterdrückten können die Wahlen auch in der Schweiz niemals sein. Bürger Lichtenberg führt allerdings an, es herrsche Preß-, Vereins- und Redefreiheit; dem ist aber nicht so, wenn man die Sache tiefer betrachtet. Was ist Preßfreiheit, wenn dem Armen die geistigen und materiellen Mittel fehlen, sich der Presse zu bedienen? Was ist Vereins- und Redefreiheit, wenn bei Ausübung derselben die Existenz auf dem Spiel steht? Ueberhaupt ließen sich die sogenannten Freiheiten an Hunderten von Beispielen auch in der Schweiz noch in ganz anderem Lichte illustriren. Einer friedlichen Entwickelung der Verhältnisse bis zur vollständigen Befreiung der Arbeiterklasse stehen aber noch ganz andere Hindernisse im Wege. Da ist zuerst der Staat mit seiner künstlichen Maschinerie, wo ein Rädchen und ein Zahn in den andern greift, und die nichts aufhalten kann, es sei denn, man zerstöre das ganze Werk. Da ist das kleinliche persönliche Interesse, das nahe liegt, stündlich sich geltend macht und den Blick gefangen hält, damit das große allgemeine Interesse der kurzsichtigen Masse nicht sichtbar werde. Da sind die heutigen entnervenden, niederdrückenden Verhältnisse im großen Ganzen mit ihren Konsequenzen. Wer spricht da von einer friedlichen Entwickelung, wo Alles gewaltsam sich in den Weg stellt? Wer spricht da von allmäligem Fortschritt, wo jeder scheinbare Fortschritt nur den Lauf der Entwickelung hemmt? Die Befreiung der Unterdrückten ist nur möglich, wenn die ganze heutige Produktionsweise der Privatausbeutung entzogen und, durch die Bedürfnisse der Allgemeinheit geregelt, in deren Händen ruht; mit einem Wort, wenn Alles Collektiveigenthum geworden ist. Wie ist es aber möglich, das mit den heutigen

Einrichtungen auf's Engste verwachsene Privateigenthum auf friedlichem Wege in Collektiveigenthum umzugestalten? Wie ist es möglich, die Millionen Fäden, welche den ganzen Administrativapparat vom Privateigenthum abhängig machen, mit einem Schlage zu lösen, ohne zu verletzen? Derjenige, welcher von einer friedlichen Entwickelung spricht, ist ein Utopist; er hat noch nicht bedacht, daß alle unsere heutigen Zustände auf dem Privateigenthum beruhen, und daß mit der Vernichtung des Privateigenthums auch logischer Weise die ganze heutige Gesellschaftsform vernichtet wird."

Ueber den „Volksstaat", das Ideal der deutschen Sozialdemokraten, ließ sich Reinsdorf in der Nummer vom 5. Mai 1877 folgendermaßen aus:

„Es ist klar, daß die Idee eines „Volksstaates," in welchem der Wille der Mehrheit oberstes Gesetz wäre, und wo dieser Wille der widerstrebenden Minderheit durch ein Heer von Beamten und Polizei konsequenter Weise aufgedrungen werden müßte, wenn anders der „Volksstaat" nicht zur Anarchie gelangen wollte, zu ganz abnormen Zuständen führen wird.

Wie kann unter solchen Umständen noch von einem „freien Volksstaat" die Rede sein, und wo ist die Gleichheit, wenn eine unterdrückte Minorität existirt?

Von jeher ist es der die Menschen entwürdigende Wahlspruch der Reaktion gewesen, dieselben für unmündig zu erklären. Eine socialistische Partei aber, die diesen Wahlspruch dadurch anerkennt, daß sie zugiebt, die Menschheit könne nicht bestehen ohne eine staatliche „Ordnung" und „Regierung", erklärt sich selbst als unfähig zur Verwirklichung ihrer Prinzipien.

Entweder wird die Menschheit von Oben herab künstlich organisirt — was unnatürlich ist — dann braucht sie eine autoritäre Regierung und ist nicht frei; — oder sie organisirt sich frei von unten herauf nach ihren Bedürfnissen, dann ist jede Regierung überflüssig, ja sogar schädlich.

„Aber die Menschen werden in der Anarchie auf den Standpunkt der Papua-Neger herabsinken," sagte ein gelehrter autoritärer Zeitungsschreiber in der Schweiz. Als ob die europäische Menschheit ihre Kultur nicht sich selbst, sondern ihren jeweiligen Regierungen zu verdanken hätte. Sie könnte wohl von ihren Zuchtmeistern aufgehalten, gestört werden, aber niemals von ihnen etwas lernen, was der Kultur förderlich gewesen wäre. Der Bevormundete verläßt sich auf seinen Vormund, der Regierte auf seine Regierung und nur der freie Mensch ist fähig, als ganzer Mensch seinen Platz auszufüllen.

Die Lehre von irgend einer Autorität ist so lächerlich, wie die Lehre von Gott. So wie sich die unermeßlichen Weltkörper alle in ihre Bahnen gefunden haben, ohne der ordnenden Hand eines himmlischen Gottes zu bedürfen, ebensowenig bedarf die freie Menschheit die Ordnungen irdischer Götter — und wären es auch socialdemokratische — um sich in diejenigen Bahnen zu finden, welche sie braucht, die Kultur zur höchsten Blüthe, das Leben zum höchsten Glücke zu entfalten. Ja es ist sicher, daß der Kampf um die Freiheit nicht eher enden wird, als bis auch die letzten Schranken, welche ihr hemmend entgegen stehen, beseitigt, bis jede Autorität vernichtet sein wird.

Nur der Knecht kann knechtisch handeln, die freie Menschheit aber wird, vom Zwange erlöst, alle diejenigen Eigenschaften entwickeln, welche wir heute nur an Solchen bewundern, die stark genug sind, aus den entnervenden, entmenschenden Zuständen von jetzt noch ein Theil Menschenthum zu retten."

Die Propaganda der That.

Auf seinen Kreuz- und Querzügen durch Deutschland, wie sie bereits im vorletzten Kapitel angedeutet worden, gewann Reinsdorf immer entschiedener die Ueberzeugung, daß die revolutionäre Sache nur dann gefördert werden könne, wenn die deutschen Arbeiter durch außerordentliche Ereignisse dem lähmenden Einflusse einer sich immer korrupter gebärdenden „socialdemokratischen" Bureaukratie entrissen würden. Als Hauptmittel zu diesem Zweck betrachtete er die Propaganda der That. Um diese auch auf deutschem Boden zu etabliren, suchte er vor Allem eine Anzahl tüchtiger Genossen hinlänglich mit revolutionärem Geiste zu beseelen und sie so fähig zu Thaten zu machen.

Einer seiner Schüler war der vielgeschmähte Hödel, welcher seinen Plan, die kaiserliche Bestie am hellen lichten Tage in Berlin zu erschießen, mit Reinsdorf berieth, ehe er zur Ausführung schritt.

Die That mißlang, die Schüsse vom 11. Mai 1878 gingen fehl; allein sie bewirkten immerhin eine hinlängliche Aufregung und brachten Jeden, der denken konnte, zu ernsten Reflexionen.

Die „Berliner Freie Presse" hatte nach dem Schusse der Wera Sassulitsch die Bemerkung fallen lassen, daß die Dinge in Deutschland einer Entwickelung entgegen gingen, welche nicht verfehlen könnten, auch in der Heimath Gestalten wie die Sassulitsch hervor zu bringen. Die Prophezeihung bewahrheitete sich rasch! —

Hödels Schüsse waren nicht nur allarmirend; sie forderten auch zur Nachahmung heraus. Nobiling legte drei Wochen später (am 2. Juni) seine Schrotflinte an und züchtigte den alten Lehmann in einer Weise, daß die Reaktionäre sich gebärdeten, als hätten sie selber Blei im Blage stecken, während jeder unverdorbene Proletarier mit Enthusiasmus von der That vernahm.

Wie beifällig dieselbe in den Hütten der Armen und in den Werkstuben des Proletariats aufgenommen worden, dafür lieferten 800 „Majestätsbeleidigungs“-Prozesse, die aus solchen Zustimmungserklärungen resultirten, einen schlagenden Beweis. Denn wenn in so vielen Fällen die betreffenden Aeußerungen bis zu den Ohren von Denunzianten und Polizisten drangen, so kann man ungefähr ermessen, wie allgemein der Jubel in den Kreisen der Unterdrückten war.

Nobiling's Akt war die Folge des Hödel'schen Attentats; dieses hatte Reinsdorf's Agitation erzeugt, mithin durfte auch für Nobiling's Schüsse Reinsdorf als eigentlicher Urheber angesehen werden.

Nobiling war zudem selber Anarchist; und nur weil er es verstand, gleich den russischen Nihilisten, sich als unverdächtig zu bewegen, statt durch ostentatives Hervorkehren seiner wahren Natur die Aufmerksamkeit auf sich zu lenken, wurde es später möglich, daß er von socialdemokratischer Seite mit einigem Schein von Glaubwürdigkeit verleumdet werden konnte.

Nobiling's Schrotkörner hatten übrigens nicht nur Lehmann's Fell, sondern auch die ganze Verfassung Deutschlands durchlöchert. Die konstitutionelle Heuchelei ging in die Brüche; und die Reaktionäre erklärten frei und offen, daß für das Proletariat an die Stelle von Recht und Gesetz die Vormundschaft der Polizei zu treten haben. (Oktober 1878).

Jetzt war endlich die Scheidelinie zwischen den herrschenden und beherrschten Klassen klar und scharf gezogen; selbst der Dümmste wußte, wie die Dinge liegen. Nun war auch der Boden gegeben für eine wirkliche Revolutionirung der Massen. Der Moment war gekommen, wo sich Männer, wie Reinsdorf, eine erfolgreiche Thätigkeit versprechen konnten.

Unser Kamerad säumte nicht, die gebotene Gelegenheit wahr zu nehmen. Ueberall wo er ging und stand, streute er den Samen der revolutionären Propaganda aus, überall suchte er geheim Gesellschaften zu organisiren.

Immerhin war das für längere Zeit keine leichte Sache. Die langjährige öffentliche Thätigkeit der Socialdemokratie hatte es der Polizei ermöglicht, in jedem Distrikt Proskriptionslisten anzulegen, auf denen jeder bekannte Socialist verzeichnet stand. Ueber alle diese Leute war sozusagen eine geheime Polizeiaufsicht verhängt worden. Sie wurden beobachtet, behorcht, behaussucht u. s. w. Wer mit ihnen Umgang pflog, gerieth bald in die Gefahr, kompromittirt zu werden. Andererseits gefielen sich die zahlreichen ehemaligen „Führer“ der deutschen Arbeiter darin, gegen jede revolutionäre Strömung innerhalb der Reihen der Socialdemokratie in einer wahrhaft polizeidienermäßigen Weise Front zu machen, auf der ganzen Linie abzuwiegeln, insbesondere aber revolutionäre Agitatoren vom Schlage Reinsdorf's zu verdächtigen und, wenn das Alles nicht ausreichte, diese unmöglich zu machen, — zur direkten öffentlichen Denunziation zu greifen! —

Unter diesen Umständen hatte Reinsdorf in seinen Unternehmungen ganz ungeheuer zu leiden. Hundertmal haben ihm diese Contreagitationen die herrlichsten Pläne zu Nichte gemacht; dutzendmal gerieth er durch die obgedachten infamen Denunciationen in Gefangenschaft. Aber er ließ den Muth nie sinken, sondern schritt stets auf's Neue zur Agitation.

Mit der „Freiheit", welche bekanntlich am 1. Januar 1879 in's Leben trat, stand er stets in Fühlung. Er suchte das Blatt und die, gleich der „Freiheit", vom Communistischen Arbeiter-Verein in London herausgegebenen Flugblätter so viel er nur konnte zu verbreiten. Da jedoch die Schwierigkeiten, ein im Auslande erscheinendes Organ massenhaft unter das Volk zu schleudern, sich beständig mehrten, so kam Reinsdorf auf den kühnen Gedanken, im Herzen Deutschlands, in Berlin, eine Geheim-Presse zu errichten.

Es wurden Druckmaterialien angeschafft und sofort Schritte gethan, die erste Nummer eines eigenen Organes der deutschen Anarchisten herzustellen. Dasselbe hatte den bezeichnenden Titel „Der Kampf."

Leider brachte es aber der Kostenpunkt mit sich, daß eine größere Anzahl von Leuten zu Mitwissern gemacht werden mußten. Unter denselben befanden sich auch Schwätzer, und die Sache wurde ruchbar. Die Polizei schritt ein, hob die Druckerei auf, stahl den Satz der halbfertigen ersten Nummer des „Kampf" und verhaftete mehrere Genossen, von denen jedoch die Meisten wegen Mangel an Beweis wieder freigelassen werden mußten, während Reinsdorf's spezieller Freund, Genosse Werner, welcher den Satz hergestellt hatte, etwa dreiviertel Jahr lang in Untersuchungshaft gehalten wurde.

Es ist unsäglich traurig, konstatiren zu müssen, daß auch Werner, und zwar nachdem er bereits im Kerker saß, seitens Liebknechts und ähnlicher Burschen als ein Werkzeug der Polizei hingestellt worden ist.

In der „Freiheit" vom 31. Januar 1880 nagelte Reinsdorf diese Schurkerei folgendermaßen fest:

Eine Infamie.

„Der sogenannte „Socialdemokrat" aus Zürich verübte in seiner Nummer 3 vom 18. Januar folgende Gemeinheit:

„Ueber den bewußten Werner, welcher in Berlin eine „nihilistische Druckerei" etablirte, werden aus Leipzig einige interessante Mittheilungen gemacht. Werner trat oft in Versammlungen auf und betonte stets so provozirend das Verlangen nach gewaltsamem Umsturze, daß er deshalb von unseren Genossen oft tüchtig heimgeleuchtet werden mußte. Die Polizei hörte aber den aufreizenden Brandreden Werners ruhig zu und unternahm gegen ihn nichts, er mochte gegen das Gesetz verstoßen, so viel er wollte. Werner war auch, wie in den Akten des Hödel-Prozesses konstatirt ist, der Freund und Lehrer des „Attentäters

Sr. Majestät des Kaisers." Die Berliner Polizei wußte dies, denn sie kennt jene Akten, aber sie wies Werner nicht aus, sondern wartete ruhig, bis er einen Streich machte, den sie kurz vor Eröffnung des Reichstags „entdecken" und damit die Verlängerung des Belagerungszustandes „rechtfertigen" konnte. Das giebt zu denken."

Thatsache ist Folgendes: Zur Zeit, als Werner in Leipzig war, traten außer ihm noch andere Socialisten, worunter namentlich ein in der ganzen socialdemokratischen Partei bekanntes älteres Mitglied in der ganz gleichen Weise den schwatzenden Wiederkäuern entgegen, ohne daß die Polizei etwas gegen dieselben unternommen hätte. Der überwachende Polizeibeamte war eben kein ordinärer „Gesellschaftsretter" und preußischer Liebdiener, und nur in puncto Religion war mit ihm nicht zu spaßen.

Das weiß nun der ehrlose Verleumder, welcher von Leipzig aus einen braven, hochherzigen Genossen in seine Sphäre herabziehen will, ganz gut; aber ganz wie zur Zeit, als vom „Vorwärts" Jeder, der nicht nach der Schablone der „energischen Stimmzettelkämpfer" und „wissenschaftlichen" Socialdemokraten dachte, als Idiot oder Polizeispion hingestellt wurde — wie z. B. die bei der Kassankirchen-Demonstration in Petersburg betheiligten russischen Socialisten — ganz in derselben Art und Weise wollen diese sogenannten Socialdemokraten heute wiederum einen unserer besten Genossen als Agent provocateur oder geheimen Polizisten hinstellen.

Daß Werner sich in Leipzig des Hödel annahm, beweist nur, daß er den Menschen nicht vom damaligen offiziellen socialdemokratischen Parteistandpunkte betrachtete. Konnten ja doch verschiedene angestellte Agitatoren auch damals nicht begreifen, wie Werner und Andere revolutionäre Propaganda machten, Gefangenschaften riskirten und ihre Existenz auf's Spiel setzten, ohne von irgend Jemand Geld dafür zu erhalten. Diese Leute waren schon zu sehr korrumpirt, als daß sie die ehrliche Ueberzeugung eines Mannes als Triebfeder seines Handelns betrachten konnten — und waren der festen Meinung, die mehr oder weniger energische Agitation könne sich nur nach der mehr oder weniger guten Vergütung in klingender Münze richten — welche Ansicht sogar einigemal in öffentlichen Partei- und einmal in einer Volksversammlung zum Ausdruck gelangte.

Daß Werner in Berlin nicht ausgewiesen wurde, hat wieder einen sehr natürlichen Grund, nämlich den, daß er die Polizei nicht von seinem Aufenthalte unterrichtete. Sein Streben, den Angstmeiern zu zeigen, daß man in Berlin trotz Belagerungszustand und Socialistengesetz energische Agitation entfalten könne, ließen ihn alle Rücksichten vergessen, welche er hätte im Hinblick auf seine mißliche pekuniäre Lage nehmen sollen, um für sein Unternehmen nicht zu viel Mitwisser zu haben. Dies allein war der Grund des frühen Scheiterns.

Zu denken giebt also für den Denkenden nur die Unverschämtheit, mit welcher dieser Verleumder Werner's seine eigene Schurkerei veröffentlicht." — —

Im Mai 1880 hatte ich eine Reise nach der Schweiz zu unternehmen, weil dort die deutsche Socialdemokratie einen Congreß abhalten wollte, um Hasselmann und mich auszuschließen. Als ich nach Rorschach kam, wo der Rummel losgehen sollte, hatte man den „Congreß" verschoben, und zwar unter dem Vorwande, daß die Polizei hinter die Sache gekommen sei. In Wirklichkeit hatte das darin seinen Grund, daß verschiedene Delegirte angemeldet worden waren, die voraussichtlich auf den Standpunkt der „Freiheit" sich gestellt hätten.

Ich machte nun eine Rundreise und kam auch nach Freiburg, wo gerade Reinsdorf hauste. Wir haben lange mit einander gesprochen. Das Resultat unserer Conferenz bestand darin, daß Reinsdorf erklärte, bereit zu sein, nach Berlin zu gehen, um dort den elenden Madai zu erstechen.

Bald darauf erhielt ich folgendes Schreiben, das recht instruktiv ist:

Freiburg (Schweiz), 20. Juni 1890.

Werther Genosse!

In Betreff der Expedition der Blätter nach Oesterreich theile Ihnen heute mit, daß dieselben von mir aus bis Dienstag voriger Woche früh 10 Uhr sämmtlich spedirt waren. Die Kosten beliefen sich auf Fr. 16.25, doch hat das Nichts zu bedeuten, indem wir den Mehrbetrag gedeckt haben und somit die Sache in Ordnung ist. Hätte ich es kurze Zeit vorher gewußt, so hätte ich können Converts mit gedruckten Köpfen nehmen, was jedenfalls besser gewesen wäre. Ob überall die Frankatur richtig war, kann ich nicht bestimmt behaupten, da ich in der Eile bei zwei Sendungen von je 2 Expl. nur einfach frankirte, während am andern Tage dieselben doppeltes Porto erforderten. Jedenfalls theilen sie mir etwaige Reklamationen mit.

Betreffs der Ausgewiesenen sind wir in der Lage, Ihnen sofort Fr. 20. — zukommen zu lassen. Unsere kleine Section ist sehr gut, und ich bemühe mich hauptsächlich, da wir, K. und ich, bald fortgehen, auch für die Zukunft einen guten Kern zurückzulassen, denn sonst wäre unsere Arbeit hier für nichts gewesen, und der schmutzige Greulich wäre höchstens der lachende Erbe. — Es dauert jetzt noch einige Wochen, bis wir Freiburg verlassen; K. will nach Paris und wird er wohl gern Aufträge ꝛc. für dort entgegennehmen. Ich gehe, wie schon mitgetheilt, nach Berlin. An die Adresse, welche Sie mir für dort sandten, habe ich noch nicht geschrieben, da ich womöglich, ohne auch nur irgend wen zu benachrichtigen, dort ankommen und auch nicht im Geringsten einen Verdacht erregen will, da ich jedenfalls dem Oberspitzel Krüger, der mich vom Hödelprozeß her persönlich kennt, eine große Freude machte, wenn er mich erwischen könnte. — Die Geschichte vom 18. März hat hier sehr viel Staub aufgewirbelt, und deshalb glaubten wir, man würde uns fortschicken, umsomehr, da ich nur geduldet bin und keine Papiere auf der Polizei deponirt habe; doch ist nichts Derartiges passirt, obgleich noch unsere Druckerei mit in die Affaire verwickelt wurde durch die Zeitungen, welche schrieben, daß die rothen Einladungsplakate zur Feier der „scheußlichen“ Pariser Commune bei uns gedruckt worden seien. Aber die Conservativen sind in solchen Geschichten stets noch besser als die Liberalen, welche uns, ... und mich, in Leipzig nur unter der Bedingung behalten wollten, daß wir nicht mehr öffentlich auftreten sollten, was natürlich verneint wurde, und worauf wir gehen mußten, trotzdem wir „die besten Arbeiter des Geschäfts seien.“ Doch das nur nebenbei, als tausendsten Beweis, daß die gemeinsten Seelen doch die sogenannten liberalen Bourgeois sind. — Wir beabsichtigen nun, eine neue öffentliche Versammlung, bevor wir fortgehen, einzuberufen.

Hinsichtlich der Agitation im Allgemeinen geht es nur langsam vorwärts. Die Art und Weise der systematischen Ertöotung aller individuellen Initiative und die dadurch bewirkte Einschläferung der agitationsfähigen Socialisten im Arbeiterbund hat es so weit gebracht, daß man Alles von der Oberleitung erwartet — und diese ist augenblicklich die unfähigste, welche gefunden werden kann. Eine Agitation von dieser Seite wird gar nicht betrieben und höchstens S e u b e r t in Basel reist einmal in die kleinern Sektionen, um eine „Rede“ zu halten und Cigarren zu verkaufen, sonst könnte man sich von diesem Manne nicht erklären, wie er dazu kommt, den für alle Aktion unfähigen, höchstens in 2 — 3 großen Städten zum Wählen von Demokraten und Radikalen zu gebrauchenden „Petitions- und Sterbe-Verein“, genannt „Arbeiterbund“, galvanisiren zu wollen. Hier in der Schweiz brauchte es jetzt e i n e n energischen Mann mit einigen Mitteln zur Agitation und natürlich ein wenig Nimbus (bekannter Sozialist aus der deutschen Bewegung, wie Sie z. B.) und ohne auch nur davon zu reden, würde die „Tagwacht“ sammt Allem, was daran hängt, fallen. Ich bin neugierig, was der Strolch Greulich jetzt machen wird, nachdem in dem letzten „Soc.-Dem.“ offiziell der revolutionäre Weg als der jetzt allein richtige hingestellt und damit die Schwenkung vollendet ist, wenn auch vorläufig nur theoretisch. Die „Tagwacht“ war doch stets nichts Anders, als ein verschlechterter Abklatsch der leitenden Organe Deutschlands. Ob er jetzt auch revolutionär wird? Der Kerl ist zu Allem fähig. — Natürlich wird das Alles auch nur Zeitungsgeflunker bleiben, und ich glaube, es ist nur eine nothgedrungene „Erklärung“ an Solche, die vielleicht die „Fr.“ als besser hingestellt haben, als den „Soc.-Dem.“, die Liebknecht, Bebel, Fritzsche, Vahlteich werden jedenfalls nicht den revolutionären Weg beschreiten; aber die Sache paßt jetzt gut auf den Protest der Rackow und Consorten, deren Michelei im „Protest“ wohl auch ein Dementi gegeben werden soll durch den Taktik-Artikel.

Jedenfalls thue ich noch mein Möglichstes, so lange ich hier bin, dann sende ich Ihnen die Adressen und hoffe, es wird auch noch hier zu etwas Rechtem kommen.

Schreiben Sie mir dann noch eine sichere Adresse für die Correspondenz mit Ihnen von Berlin aus, von wo ich Ihnen jedenfalls Besseres berichten kann, vielleicht bin ich beim Druckereiprozeß dort.

Hoffend, Sie werden stets die Fahne der Revolution hochhalten und keine Compromisse machen, trotz scheinbaren Entgegenkommens der Autoritären, grüßt herzlich Ihr

Reinsdorf.

NB. Für die nächste Nummer erhalten Sie nun sicher wieder eine Correspondenz.

Aus den Briefen, welche mir R. während seiner Reise schickte greife ich den nachstehenden heraus:

Frankfurt a. M., 17. Juli 1880.

Lieber Freund!

Kurz will ich berichten über die Beobachtungen, die ich bis jetzt im „Reich der Mitte" machte.

„Vor Allem ist die jetzige Agitation per Flugblätter, wenn dieselbe nicht an allen Punkten und in 20 Mal intensiverer Weise betrieben wird, eine total ungenügende und für jeden Spießbürger muß das jetzige System den Eindruck der Beruhigung machen, denn man hört von den Socialisten nichts, absolut nichts reden. Ich war in Hanau und traf zehn bis zwölf Genossen, welche die Spedition der „Freiheit" direkt per Couvert von London aus dem Schmuggel des „Soc." vorzogen, weil die „Freiheit" doch dann regelmäßig käme. .... in Hanau meinte, daß er wolle mit etwas Geld die revolutionärsten Flugschriften in Deutschland drucken lassen und auch .... war der Ansicht, daß es jedenfalls nur als Plänkelei betrachtet werden könne, was wir bis jetzt gethan hätten. In Bayern ist nun z. B. ein sehr großer Haß gegen Preußen vorhanden, in Württemberg und Baden war es stets so unter dem Bauernvolk. Wir müßten nun auf Grund dieses Hasses unsern Plan hinsichtlich Agitation in diesen Gegenden bauen und Emissäre dort haben, welche die Stimmung auskundschaften und Flugblätter verbreiten. In solchen Arbeiterstädten wie Hanau und Offenbach genügte ja die „Freiheit", aber nur in großen Massen. Das kostet viel Geld und dieses zu beschaffen, muß unsere Hauptaufgabe sein. — Doch das Nachstehende beweist dies noch besser;

Von Hanau ging ich nach Offenbach, um mit einem gewissen Ullrich zu sprechen. Er sagte, daß er sich über das Sozialistengesetz beinahe freue, da es ihm Gelegenheit gebe, ein wenig auszuruhen. Hier sei Alles ruhig und von einer Aufregung unter den Arbeitern nichts zu spüren. Er glaube, daß es in Deutschland das Beste sei, jetzt nichts zu thun, auch keine Flugblätter zu verbreiten, denn es müsse erst die Concentration des Großkapitals in den Händen Weniger stattgefunden haben, bis an den Sturz der heutigen Gesellschaft gedacht werden könne. Wenn Most einmal zu Verstande käme, so könne er es nicht verantworten, was er jetzt thäte, überhaupt sei es sehr leicht, in Lonvon revolutionäre Phrasen zu dreschen, da doch die englische Regierung nie dagegen einschreiten werde. Er hofft, bei der nächsten Wahl werde man ein weng agitiren können u. s. w., u. s. w.

Die Genossen .... und .... in Hanau empfahlen mir noch, auch in Frankfurt einige dieser Leute zu besuchen, doch haben ich schon jetzt genug, denn auch in Hanau gab es Viele, die noch nach Zürich schauen und beim „Congreß" den Antrag stellen wollen, daß der „Sogenannte" (S.-D) und die „Fr." verschmolzen und Most durch Beschluß gezwungen werden soll, dann am „Sogenannten" mitzuarbeiten, natürlich, wenn er es nicht vorzieht, ganz zu schweigen.

Bis jetzt habe ich die Ueberzeugung gewonnen, daß es sehr nothwendig ist, die Regierung zu noch strengeren Maßregeln zu treiben, damit diese Leute, wie Ullrich, der jetzt z. B. noch ganz Offenbach durch ein Tageblätchen beeinflußt, daß Handwerk gelegt wird und sie ganz auf Seite der Reaktion gedrängt werden, woran ich nicht zweifle.

Es wäre gut, wenn Du (wir hatten inzwischen brieflich Bruderschaft gemacht) an .... in Hanau ein paar Zeilen schriebest, denn es haben mir Einige Mißtrauen entgegengebracht, was natürlich ist, da mich gar Niemand kannte.

Ich komme nicht so geschwind nach Berlin als ich dachte, da ich gänzlich ohne Mittel bin. Gruß und Handschlag

A. Reinsdorf.

Kurz zuvor hatte Reinsdorf in der „Freiheit" vom 10. Juli 1880 folgenden Artikel veröffentlicht:

Zur Organisation.

„Wenn wir betrachten, welchen Ursachen es zuzuschreiben, daß gegenwärtig den sozialistischen Arbeitern deutscher Sprache gegenüber von einer kleinen Coterie von Reichstagsabgeordneten und Zeitungsschreibern ein Terrorismus ausgeübt wird, der seinen Höhepunkt in der „Ausschließung" von Hasselmann und Most aus der „Partei", in der Verhöhnung des sozial-revolutionären Handelns findet, so müssen wir die Ursache dieser betrübenden Erscheinung darauf zurückführen, daß die deutschen Arbeiter durch die Art und Weise ihrer centralistischen Organisationen sich diese Götzen selbst geschaffen haben, welche es nun wagen, als „Partei", gegenüber jedem individuellen Handeln aufzutreten und ihr päpstliches Anathema gegen Jeden zu schleudern der an ihrer Unfehlbarkeit zweifelt.

Die große Lehre, welche die deutschen sozialistischen Arbeiter aus dieser Thatsache ziehen müssen, ist für die Zukunft, sich ihr individuelles Selbstbestimmungsrecht gegenüber jedem sogenannten „Führer" zu wahren. Jeder Einzelne muß das Recht haben, sein revolutionäres

Handeln nach seinem Gutfinden einzurichten; jede unabhängige Gruppe muß das Recht haben, auf ihrem lokalen Boden Gift, Dolch oder Dynamit als Mittel zu Befreiung in Anwendung zu bringen, ohne deshalb als im Dienste der Polizei stehend oder als unzurechnungsfähig erklärt zu werden. Jede Gruppe muß ferner das Recht haben, sich zu verbinden (zu federiren) mit einer anderen Gruppe oder mit mehreren, zum Zwecke gemeinsamen Handelns, ohne des Zuwiderhandelns gegen die „Parteitaktik“ und anderer unnatürlicher Erfindungen und Wortklaubereien angeklagt zu werden, die bis jetzt nur den Zweck hatten, Privilegien zu schaffen.

Pflicht jeder Gruppe und jedes Einzelnen ist es, jede revolutionäre That, so viel in ihren Kräften steht, zu unterstützen, und Pflicht ist es, Jeden zu entlarven, der revolutionäre Phrasen im Munde führt und auf der andern Seite die Revolutionäre beschimpft. Pflicht ist es, die Karten aufzudecken von Allen, welche das frevelhafte Spiel treiben, mit revolutionärem Schwätzen und Schreiben anti-revolutionäres Handeln zu verbinden. —

Freiheit für jeden Einzelnen und für jede Gruppe im revolutionären Handeln, Freiheit jeder Gruppe und jedes Einzelnen hinsichtlich der Coalition, dadurch Beförderung des initiativen Handelns, des Selbstvertrauens auf die Kraft des Einzelnen, Wirkung des Eifers jedes Einzelnen, der Sache zu nützen durch die That, und was die Hauptsache ist: Befreiung vom Bleigewicht der Bevormundung handelsunfähiger „Führer“ — das ist das Resultat einer anti-autoritären Organisation von revolutionär-socialistischen Arbeitern.

A. Reinsdorf.

Reinsdorf in Berlin.

In Berlin lebte unser Freund unter dem Namen Gfeller. Jeder Brief, den er von dort sandte, enthielt neue Anregungen und Ideen, insbesondere aber Aktionsprojekte. Der großartigste Plan, welcher damals in Reinsdorf's Kopf schlummerte, lief auf nichts Anderes hinaus, als auf ein Attentat gegen den ganzen Reichstag.

„Ich habe mir jetzt diese Bedientenstube wiederholt angesehen,“ schrieb er mir am 1. September 1880; „die ganze Baracke ist ja nur aus Fachwerk mit leichtem Glasdach. Das Parkett, auf welchem die gesetzgebenden Lumpenkerle „tagen“, steht auf hölzernem Stützwerk; die Festigkeit des „hohen Hauses“ ist also nicht weit her. Ebenso steht es mit der Wachsamkeit. Diese paar Diener, welche da in den Ecken der Gänge umher lungern, gähnen und — schlafen, sind civilversorgungsberechtigte Invaliden, die mit einem Blasebalg umgeweht werden könnten. Hätte man einen halben Zentner Dynamit, so könnte man das ganze Kasperletheater wie ein Kartenhaus zusammenklappen lassen, daß von dem ganzen Gesindel (inklusive Liebknecht rc.) kein Haar davon käme. Das Donnerwetter soll d'reinschlagen, daß man zu einer so prächtigen Sache nicht das nöthige Geld auftreiben kann ...."

Einschalten will ich hier, daß ein noch viel schönerer Plan in Reinsdorf's Kopfe sich entwickelte, als anderthalb Jahre zuvor der alte Lehmann „goldene Hochzeit" feierte. „Jetzt ist das Kukuksnest von Berlin total mit Ungeziefer angefüllt," schrieb er einem seiner Freunde. „Mit ein paar Tausend Thalern hätte man alles Nöthige besorgen können um der ganzen Brut einen Knalleffekt bei dieser Schlemmerei zu liefern, daß ihr davon das Hören, Sehen, Schmecken und Riechen für alle Ewigkeit vergangen wäre. Daß wir auch gar so arme Luder sind und — kein Talent haben, Gelder da zu holen, wo sie in Massen sind ...."

Am 30. September 1880 stand in der „Freiheit" eine Reinsdorf'sche Correspondenz, in welcher die deutschen Arbeiter aufgefordert wurden, Bakunin's Revolutionsgrundsätze zu studiren. Um ihnen das zu erleichtern, ließ er sie gleich zum Abdruck bringen. Da diese Grundsätze ausgesprochenermaßen auch die Reinsdorf's waren, so thue ich vielleicht den Lesern einen Gefallen, wenn ich dieselben auch hier einfüge. Dieselben lauten:

Pflichten des Revolutionärs gegen sich selbst.

1. Der Revolutionär ist ein selbstgeopferter Mensch. Er hat keine persönlichen Interessen, Gefühle oder Neigungen, kein Eigenthum, nicht einmal einen Namen Alles in ihm wird verschlungen von einem einzigen ausschließlichen Interesse, einem einzigen Gedanken, einer einzigen Leidenschaft — der Revolution.

2. In der Tiefe seines Wesens, nicht nur in Worten, sondern auch in der That, hat er vollständig gebrochen mit der bürgerlichen Ordnung und mit der gesammten civilisirten Welt, mit deren Herkommen, Moral und Gebräuchen. Er ist ihr unversöhnlicher Gegner, und wenn er in dieser Welt dennoch fortlebt, so geschieht es nur, um sie desto sicherer vernichten zu können.

3. Ein Revolutionär verachtet jeden Doctrinarismus und verzichtet auf die Wissenschaft der heutigen Welt. Er überläßt den künftigen Generationen die Reorganisation des Wissens. Er kennt jetzt nur eine Wissenschaft: die Zerstörung. Hierzu und nur hierzu studirt er Mechanik, Physik, Chemie und vielleicht auch Medicin. Zu demselben Zwecke studirt er Tag und Nacht die lebendige Wissenschaft — die Menschen, Charaktere, Verhältnisse, sowie alle Bedingungen der gegenwärtigen socialen „Ordnung." Der Zweck dieser Studien ist auch die schnellste und sicherste Zerstörung dieser jetzigen unflähtigen Weltordnung.

4. Er verachtet die „öffentliche Meinung". Er verachtet und haßt die gegenwärtige gesellschaftliche „Moral" in allen ihren Antrieben und allen ihren Kundgebungen. Für ihn ist Alles sittlich, was den Triumph der Revolution begünstigt, Alles unsittlich und verbrecherisch, was ihn hemmt.

5 Der Revolutionär ist ein geweihter Mensch (der sich nicht mehr selbst angehört), er hat keine Schonung für den Staat überhaupt und für die ganze „civilisirte" Classen-Gesellschaft; er darf ebenso wenig Schonung für sich erwarten. Zwischen ihm und der Gesellschaft herrscht Krieg auf Tod und Leben, offener und geheimer Kampf, aber stets ununterbrochen und unversöhnlich. Er muß sich daran gewöhnen, jedes Leiden zu ertragen.

6 Streng gegen sich selbst, muß er es auch gegen Andere sein. Alle Gefühle der Neigung, die verweichlichenden Empfindungen der Verwandtschaft, Freundschaft, Liebe, Dankbarkeit müssen in ihm erstickt werden durch die einzige, kalte Leidenschaft des revolutionären Werks. Für ihn existirt nur Ein Genuß, Ein Lohn, Eine Befriedigung: der Erfolg der Revolution. Tag und Nacht darf er nur Einen Gedanken, nur Einen Zweck haben: die unerbitterliche Zerstörung. Während er diesen Zweck kaltblütig und unaufhörlich verfolgt, muß er selbst zu sterben bereit sein und ebenso bereit, mit eigenen Händen Jeden zu tödten, der ihn an der Erreichung dieses Zieles hindert.

7. Die Natur des wahren Revolutionärs schließt jede Romantik, jede Empfindsamkeit, jeden privaten Enthusiasmus und jede Hinreißung aus; sie schließt sogar persönlichen Haß oder Rache aus. Die revolutionäre Leidenschaft, bei ihm zu einer alltäglichen und beständigen Gewohnheit geworden, muß mit kalter Berechnung gepaart sein. Immer und überall muß er nicht seinen persönliche Trieben, sondern nur Dem gehorchen, was ihm das allgemeine Interesse der Revolution vorschreibt.

Pflichten des Revolutionärs gegen seine Revolutions-Genossen.

8. Der Revolutionär kann Freundschaft und Zuneigung nur zu Dem hegen, der durch Thaten bewiesen hat, daß er gleichfalls Kämpfer der Revolution ist. Der Grad der Freundschaft, Ergebenheit und sonstige Verbindlichkeiten gegen einen solchen Gefährten bemessen sich nur nach dessen Nützlichkeit in dem practischen Werke der zerstörenden Revolution,

9. Es ist überflüssig, von der Solidarität unter den Revolutionären zu reden; auf ihr beruht die ganze Macht des revolutionären Werkes. Die Revolutionsgenossen, welche auf gleicher Höhe revolutionärer Leidenschaft sich befinden, müssen so viel wie möglich über alle wichtigen Angelegenheiten gemeinschaftlich berathen und ihre Beschlüsse

einstimmig fassen. Bei Ausführung einer so beschlossenen Sache muß aber Jeder möglichst viel auf sich selbst rechnen. Wo es sich um Ausführung einer Reihe zerstörender Thaten handelt, muß Jeder auf eigene Hand thätig sein und Hilfe und Rath von seinen Gefährten nur beanspruchen, wo es für den Erfolg unumgänglich ist.

10. Jeder Revolutionsgenosse muß mehrere Revolutionäre zweiter oder dritter Ordnung, d. h. solche, die noch nicht vollständig unterrichtet sind, in seiner Hand haben. Er muß dieselben als einen seiner Verfügung anvertrauten Theil des allgemeinen revolutionären Kapitals betrachten. Er muß ökonomisch mit seinem Kapitalantheil wirthschaften, um möglichst großen Nutzen aus demselben herauszuschlagen. Er hat sich selbst auch nur als ein Kapital zu betrachten, das für den Triumph des Revolutionswerkes verwendet wird, als ein Kapital jedoch, über das er nicht allein und ohne Zustimmung sämmtlicher vollständig eingeweihter Genossen verfügen kann.

11. Wenn sich ein Kamerad in Gefahr befindet, so darf der Revolutionär bei der Frage, ob er ihn retten soll oder nicht, kein persönliches Gefühl zu Rathe ziehen, sondern einzig und allein das Interesse der Sache der Revolution. Demnach muß er auf der einen Seite den Nutzen, welchen sein Kamerad gewährt, auf der anderen Seite den Aufwand an Revolutionskräften, den seine Befreiung erfordert, gegen einander abwägen, und handeln, je nachdem sich die Wage zur einen oder anderen Seite neigt.

Pflichten des Revolutionärs gegen die Gesellschaft.

12. Ein neues Mitglied kann, nachdem es seine Proben nicht in Worten, sondern in Thaten abgelegt hat, nur mit Einstimmigkeit in die Association aufgenommen werden.

13. Ein Revolutionär tritt in die Welt des Staates, in die Welt der Klassen, in die sich „civilisirt" nennende Welt und lebt in derselben einzig und allein aus dem Grunde, weil er an ihre nahe und vollständige Vernichtung glaubt. Er ist kein Revolutionär, wenn er noch an irgend einer Sache in dieser Welt hängt. Er darf nicht zurückbeben, wo es sich darum handelt, irgend ein jener alten Welt angehöriges Band zu zerreißen, irgend eine Einrichtung oder irgend einen Menschen zu vernichten. Er muß alles Antirevolutionäre gleichmäßig hassen. Um so schlimmer für ihn, wenn er in dieser heutigen Welt Bande der Verwandtschaft, Freundschaft oder Liebe hat; er ist kein Revolutionär, wenn diese Bande seinen Arm aufhalten können.

14. Um der unerbittlichen Zerstörung willen kann der Revolutionär und muß er sogar oft inmitten in der Gesellschaft leben und dabei den Schein bewahren, er sei ein ganz Anderer, als er wirklich ist. Ein

Revolutionär muß sich überall Eingang verschaffen, in der „höheren" Gesellschaft wie beim Mittelstand, im Kaufmannsladen, in der Kirche, im aristokratischen Palast, in der bureaukratischen, militärischen und literarischen Welt, ja sogar in der geheimen Polizei und im kaiserlichen Palast.

15. Jene ganz unfläthige Gesellschaft unserer Zeit theilt sich in in mehrere Kategorien. Die erste besteht aus Denen, die unverzüglich dem Tode geweiht sind. Die Genossen mögen Listen dieser Verurtheilten aufstellen, nach dem Grade ihrer verhältnißmäßigen Bösartigkeit und mit Rücksicht auf den Erfolg des Revolutionswerkes geordnet, und zwar so, daß die ersten Nummern vor den übrigen abgefertigt werden.

16. Bei der Aufstellung dieser Listen, bei der Feststellung dieser Kategorien darf nicht die individuelle Verderbtheit eines Menschen entscheiden oder gar der Haß, den er den Mitgliedern der Organisation oder dem Volke einflößt. Können doch selbst diese Verderbtheit und dieser Haß gewissermaßen nützlich sein indem sie zum Volksaufstand reizen. Man darf auf alle Fälle nur den Maßstab des Nutzens berücksichtigen, der aus dem Tode einer gewissen Person für das Revolutionswerk hervorgehen kann. An erster Stelle müssen Die vernichtet werden, die für die revolutionäre Organisation am verderblichsten sind und deren gewaltsamer und plötzlicher Tod am geeignetsten ist, die Regierung zu erschrecken und ihre Macht zu erschüttern, indem er sie der energischsten und intelligentesten Agenten beraubt.

17. Die zweite Kategorie besteht aus Denen, welchen man provisorisch das Leben läßt, damit sie durch eine Reihe empörender Thaten das Volk zum unvermeidlichen Aufstand treiben.

18. Zur dritten Kategorie gehört eine Anzahl hochstehender Bestien, die weder durch Geist noch durch Energie sich auszeichnen, die aber vermittelst ihrer Stellung Reichthum, hohe Verbindungen, Einfluß und Macht besitzen. Man muß sie auf alle mögliche Art ausbeuten, man muß sie umgarnen und verwirren, und, indem man sich zum Herrn ihrer schmutzigen Geheimnisse macht, sie in unsere Sklaven verwandeln. Auf diese Weise werden ihre Macht, ihre Verbindungen, ihr Einfluß und ihr Reichthum zu einem unerschöpflichen Schatze und zu einer kostbaren Hilfe bei mannigfaltigen Unternehmungen.

19. Die vierte Kategorie besteht aus allerlei ehrgeizigen Beamten und aus den Liberalen der verschiedenen Schattirungen. Mit diesen kann man nach ihrem eigenen Programm conspiriren, indem man thut, als ob man ihnen blindlings folge. Man muß sie in unsere Hand bringen, sich ihrer Geheimnisse bemächtigen, sie vollständig compromittiren, so daß ihnen der Rückzug unmöglich wird, und sich ihrer zur Herbeiführung von Unruhen im Staate bedienen.

20. Die fünfte Kategorie bilden die doktrinären „Verschwörer" und „Revolutionäre", alle Diejenigen, welche in Versammlungen oder auf dem Papier Geschwätz machen. Man muß sie unaufhörlich

zu praktischen und gefahrvollen Kundgebungen treiben und fortreißen, deren Erfolg sein wird, daß der größte Theil von ihnen verschwindet, während Einige darunter sich zu echten Revolutionären entwickeln.

21. Die sechste Kategorie ist von großer Bedeutung: es sind die Frauen, die in drei Klassen einzutheilen sind. Zur ersten gehören die oberflächlichen Frauen, ohne Geist und Herz, deren man sich in derselben Weise bedienen muß, wie der Männer der dritten und vierten Kategorie. Zur zweiten Klasse gehören die leidenschaftlichen, hingebenden und befähigten Frauen, die jedoch nicht zu uns gehören, weil sie noch nicht zum praktischen und phrasenlosen revolutionären Verständniß emporgedrungen sind; man muß sie benutzen, wie die Männer der fünften Kategorie. Endlich kommen die Frauen, die ganz und gar zu uns gehören, d. h. die vollständig eingeweiht sind und unser gesammtes Programm angenommen haben. Sie müssen wir als den kostbarsten unserer Schätze betrachten, ohne deren Beistand wir nichts auszurichten vermögen."

In No. 39 (von 1880) der „Freiheit" hat sich Reinsdorf über Anarchismus folgendermaßen ausgelassen:

„Bekanntlich haben die Sozialisten aller Länder und aller Richtungen, mögen sie sich Kommunisten, Kollektivisten, Anarchisten, Socialdemokraten oder sonstwie nennen, zur Grundlage ihrer Bestrebungen die Abschaffung des Privateigenthums an Grund und Boden und Arbeitsmitteln. Sie sind also einig, soweit es sich um den Sturz der heutigen Gesellschaft handelt, die sie Alle radikal vernichten müssen, wenn sie überhaupt daran denken wollen, ihre Prinzipien zu verwirklichen.

Bei dem Streite der verschiedenen socialistischen Richtungen kann es sich in prinzipieller Hinsicht also auch stets nur darum handeln, in welcher Art und Weise nach dem Sturze der gegenwärtigen Einrichtungen die zukünftige Gesellschaft aufgebaut werden soll, also stets um theoretische Fragen, für die weder die eine, noch die andere Richtung bis jetzt mit praktischen Beispielen argumentiren kann. Nur die Organisation und die durch dieselbe innerhalb einer socialistischen Partei hervorgerufenen Zustände und Einrichtungen können uns heute einen Schluß ziehen lassen auf die Einrichtungen, welche getroffen werden würden, falls dieselbe ihre Ziele verwirklicht.

Doch sehen wir uns einmal das Gesellschaftsgebäude der Anarchisten an, als Dasjenige, welches der socialdemokratischen Volksstaats-Idee am schroffsten gegenübersteht.

Die Revolution hat triumphirt, die Ausbeuter-Gesellschaft ist gestürzt. — „Die Menschheit wird nun auf den Standpunkt der Papua-Neger herabsinken," wenn sie sich nicht schnell eine mit weiser Hand Alles ordnende Regierung anschafft — so ungefähr ist der Gedankengang eines echten Socialdemokraten, welchem Gedankengange in dieser Weise auch in einem Pamphlete Ausdruck verliehen worden ist.

Selbstverständlich wird das revolutionäre Volk nach dem Sturze der alten Gesellschaft nicht sofort die Waffen aus der Hand legen und Jeden machen lassen, was er will, sondern es wird konsequent auch den Aufbau der neuen Einrichtungen überwachen und nicht dulden, daß die Reaktion sich wieder einniste.

Hierin aber eine Inkonsequenz gegen das anti-autoritäre Prinzip zu erblicken, kann nur böswillige Sophisterei thun. Denn keinem Anarchisten fällt es ein, die Autonomie in der zukünftigen Gesellschaft auch auf die Ausrottung der heutigen Zustände auszudehnen — das hieße ja, dieselbe verewigen

Wer ist nun aber der kompetente Faktor, den Aufbau der neuen Gesellschaft in die Hand zu nehmen, anders, als die Gemeinde, diejenige Gruppe von Menschen, welche auf einem natürlich abgegrenzten Territorium bei einander wohnen?

Sobald überhaupt von einer Demokratie gesprochen wird, ist, soll das Wort nicht Humbug sein, nur eine Gemeinde denkbar, wo alle Bürger sich versammeln und gemeinsam mit einander berathen können. Die sogenannte Volksvertretung, bei welcher eine große Mehrheit ihre Rechte in die Hände einiger Deputirten legt, welche dann in ihrem Namen Beschlüsse fassen, Gesetze machen und höchstens das Volk in einer allgemeinen Abstimmung Ja oder Nein sagen lassen; diese Demokratie hat nur fälschlich diesen Namen und führt zur Diktatur, ob sie nun von einem Einzelnen oder von einem Committee ausgeführt werde.

Die Gemeinde hat das bisher in Privatbesitz befindliche Eigenthum an Grund und Boden und Arbeitsmitteln innerhalb ihrer Gemarkung in ihren Gesammtbesitz genommen, und weil sie nun den Verstand hat, diesen Besitz zur Produktion zu benutzen, um ihre Bedürfnisse zu befriedigen, sowie auch die Kraft und das Bedürfniß, zu arbeiten, so wird sie produziren.

Die Art und Weise der Produktion wird in der Gemeinde eine ganz naturgemäße sein. Die Gemeinde wird sich versammeln und den Landarbeitern das Land zur Bebauung übergeben, diese werden also eine Landarbeiter-Gewerkschaft bilden, wenn wir es so nennen wollen. Auf industriellem Gebiete wird es ebenso gemacht werden, die Schuhmacher werden die Werkzeuge ihrer Branche, die Schneider diejenigen zur Kleiderfabrikation, die Tischler die ihrigen, die Buchdrucker die Buchdruckmaschinen u. s. w. erhalten, als Arbeiter einer jeden Branche eine Gewerkschaft bilden und sich an die Herstellung der in ihrem Fache nothwendigen Erzeugnisse machen.

Nichts ist natürlicher, als dieses anarchistische Gruppenbildungs-System. Die Arbeiter irgend einer Branche, mag sie sich nennen wie sie will, sind jedenfalls die kompetentesten Richter, wenn es sich um die Organisation der Arbeiter in ihrem speziellen Gewerbe handelt. Sie allein wissen am besten, in welcher Weise die Arbeit am leichtesten für den Arbeiter und am vortheilhaftesten für die Gesellschaft hergestellt werden kann — und jedenfalls ist diese Art der Organisation der Arbeit von unten nach oben oder von der Peripherie zum Centrum der bevormundeten Organisation von oben — d. h. durch den Staat — vorzuziehen.

Der Unterschied ist hier also entweder die künstliche Organisation durch den Staat (von oben), oder die natürliche Organisation durch die Arbeiter (von unten).

Eine jede der verschiedenen Gewerkschaften wird sich selbstverständlich und wieder ganz natürlicherweise mit den Gewerkschaften an anderen Orten ins Einvernehmen setzen, um ihre Arbeit so rationell als möglich herzustellen. So werden sich z. B. die Schriftsetzer in Berlin mit denen in Leipzig, Stuttgart, Wien, Pest u. s. w. verbinden, damit nicht an jedem der betreffenden Orte dieselbe Arbeit „gesetzt" werde, welche ja nur einmal gemacht zu werden braucht; sondern in Stuttgart werden diese vielleicht die Werke Proudhon's setzen, in Leipzig diejenigen Dühring's, in Berlin Büchner's, in Wien Darwin's u. s. w., was Alles durch die gegenseitige Verständigung der Gewerkschaften unter sich auf ganz natürlichem Wege vor sich gehen kann. Diese Gewerkschaften bilden dann unter sich zum Zwecke statistischer Erhebungen u. s. w. die besten Einrichtungen. Ihre Beziehungen unter einander sind ganz freiwillige und können von ihnen getroffen werden, in welcher Weise es ihnen beliebt. Wollen sie sich centralisiren, so ist das ihre Sache, doch wird sich selbstverständlich kein Zwang zur Centralisation durchführen lassen können, weil der Anschluß ein freiwilliger und nur durch die Verhältnisse gebotener sein wird, der nach Gutdünken wieder rückgängig gemacht werden kann.

Wir haben hier die freie Föderation der Gruppen, wie diese Art der Verbindung von den Anarchisten genannt wird.

Denken wir uns diese Einrichtungen ausgedehnt auf alle Arbeitsbranchen in Ackerbau und Industrie, so haben wir eine überallhin sich verzweigende, in tausend Fäden nach allen Richtungen hin laufende Verbindung arbeitender Menschen, deren Centren an tausend verschiedenen Orten sein können, deren Gesetz nichts ist, als der freie Vertrag, deren Triebfedern das menschliche Bedürfniß und die menschliche Intelligenz sind.

Wie in der Produktion, so in der Konsumtion. Immer von der Gemeinde als selbständigem Verwaltungskörper ausgehend, wird sich dieselbe diejenigen Einrichtungen verschaffen, welche einer größeren Anzahl vernünftiger und freier Menschen würdig sind, ohne daß irgend eine Regierung, die ihren Sitz doch nur an einem Orte haben könnte, sich in ihre Angelegenheiten einzumischen braucht.

Nun wird es auch Minderheiten geben, welche mit den von der Majorität getroffenen Verfügungen nicht einverstanden sind. Diese Minderheiten haben, sei es in welcher Branche es will, das Recht, sich auf ihre Weise zu organisiren und als freie Gruppen die Produktion oder Konsumtion nach ihrer Art zu reguliren.

Es kann ja sein, daß diese Minderheiten sehr oft sogar — wenigstens ist das heute der Fall — ihre Einrichtungen besser treffen, als die Majorität, der Beweis wird dann immer durch die lebendige Thatsache geleistet, und dieser Beweis wirkt überzeugender, als tausend theoretische Argumente. Immerhin werden Streitigkeiten nicht so häufig sein, als sich Mancher denken mag, da ja die einseitige Ausbildung des Menschen in Zukunft wegfallen wird, und also Einer nicht nur Schuhmacher oder nur Schneider sein, sondern mehr als ein Handwerk verstehen wird und in Folge dessen von einem Beruf zum andern übertreten, oder gar nach einer anderen Gemeinde oder in eine ganz andere Gegend übersiedeln kann.

— — — — — — — — — — — — — — — — — — — —

Malt sich nun Jeder diese Gesellschafts-Organisation in allen Details aus und denkt er sich dazu freie und vernünftige Menschen, so hat er einen kleinen Begriff — denken wir — von einer ohne Gesetz und Regierung, ohne Staat und dessen Zwangsmaßregeln bestehenden anarchistischen Gesellschaft.

— — — — — — — — — — — — — — — — — — — —

Und wie steht es nun mit der heutigen Organisation der Anarchisten? Man hört nicht viel von langen „Congressen", „Reden" und „Beschlüssen"; ohne der Widerspenstigkeit gegen eine sogenannte „Partei"-Disziplin (das Wort klingt ganz militärisch) angeklagt zu werden, arbeitet jede Gruppe, ja sogar jedes einzelne Mitglied nach seiner Weise für die Revolution — des solidarischen Einverständnisses aller Genossen sicher, sobald es sich um einen Akt der Propaganda handelt. — Aber ein greller Blitz an der Newa, ein jähes Aufleuchten am Dniestr, eine Bauernrevolte in der Romagna, ein bewaffneter Ueberfall von Steuerbeamten in den Thälern der Sierra Nevada, eine großartige Demonstration in der Weltstadt an der Seine, oder ein Kampf mit der Polizei an den republikanischen Ufern der Aar, das sind so Lebenszeichen, die sie hie und da von sich hören läßt, und die beweisen, daß sie stets ihr Ziel unverrückt im Auge behält: den Sturz der heutigen Gesellschaft."

A. Reinsdorf.

Etwa um die nämliche Zeit wurde Reinsdorf in der Nähe von Madäi's Wohnung von Bütteln überfallen und verhaftet.

Die Freiburger Polizei hatte, wie sich später herausstellte, der deutschen Regierung die Mittheilung gemacht, daß Reinsdorf sich nach Deutschland begeben habe. Der Nachricht war auch gleich der entsprechende Steckbrief beigefügt. So tief war schon damals das schweizerische Büttelthum gesunken.

Viel niedriger aber stand der Züricher „Socialdemokrat", welcher, nachdem Reinsdorf in Haft genommen worden war, geschrieben hatte, daß Reinsdorf auf meine Veranlassung hin nach Deutschland gegangen sei, um dort in Verbindung mit Anderen, die ebenfalls meinerseits geschickt worden seien, Attentate anzuzetteln!! — —

Diese Notiz bildete auch bei der Reinsdorf'schen Untersuchung das Hauptbelastungsmaterial.

Im Uebrigen scheiterten alle Künste der Berliner Kriminalisten. Reinsdorf verweigerte jede Auskunft und konnte nur wegen Führung eines falschen Namens und Tragens eines Dolches zu mehrmonatlichem Gefängniß verdonnert werden.

Im Dezember 1880 wurden in ganz Deutschland mehr als 50 Genossen und Genossinnen zusammen gefangen und in langwieriger Untersuchungshaft gehalten, viele davon sogar zu mehrjährigem Zuchthaus verurtheilt — das Alles nur auf die gesuchtesten „Verdachts“-Gründe hin, welche der elende Rumpff ausgedüftelt hatte.

In den betreffenden Prozeß (Hochverrathsprozeß gegen Dave und Genossen) versuchte man auch Reinsdorf zu verwickeln, konnte das aber beim schlechtesten Willen nicht fertig bringen.

Reinsdorf wurde damals zwangsweise photographirt — das einzige Mal in seinem Leben.

Eine Hetzjagd.

Es braucht wohl nicht erst gesagt zu werden, daß der Einkerkerung die Verweisung aus Berlin folgte. Reinsdorf ging nach Leipzig, wo er zu seinen Freunden eilte. Einer derselben berichtet mir dieses Zusammentreffen nebst dem, was alsbald folgte, in der nachstehenden Weise:

„Reinsdorf war krank und sich bewußt, daß er die Schwindsucht habe, krank am Körper, aber um so gesunder am Geiste. Es waren ein paar schöne Tage, die dort die alten Freunde, alle bis auf Einen, der in Afrika sich befand, mit einander verlebten; und die Zeit wurde auch gut ausgenützt. Ich sehe Reinsdorf noch vor Augen, wie er eines Abends in meinem Zimmer den neuen Organisationsplan vor uns entwickelte, wie er von den gebrachten Opfern und von den noch zu bringenden sprach und darauf hinwies, daß wir die „Freiheit,“ wenn sie auch noch nicht ganz auf unserem Standpunkte stehe (es war 1881), dahin drängen müssen, indem wir dieselbe mit Artikeln unterstützen und sie nachher verbreiten und so den „Most nach und nach ganz auf unsere Seite brächten“ u. s. w. Aber der Polizei gefiel dieses „Zeitausnützen“ nicht; Reinsdorf wurde auch aus Leipzig ausgewiesen und zog wieder weiter und weiter, überall verfolgt von der Polizei und ihren Helfern, überall verlästert und verschimpft von unsern Gegnern, und fand sich am Ausgangspunkte seines ruhelosen Lebens als Agitator in der Schweiz wieder. Irrthümlich ist überall zu lesen,

Reinsdorf sei aus Leipzig ausgewiesen worden auf Grund des Belagerungszustandes, der über Leipzig verhängt wurde. Dem ist aber nicht so. Reinsdorf wurde schon zwei Tage vor dem Inkrafttreten des Leipziger kleinen Belagerungszustandes ausgewiesen und hatte sechs Tage Zeit zur Abreise gegeben bekommen. Als aber der „Kleine" kam, wurden diese sechs Tage gekürzt, und wärend die ausgewiesenen Socialdemokraten unter großem Spektakel zu dem Dresdner Bahnhofe zogen, begleiteten wenige Freunde (darunter zwei Berliner Genossinnen) ihren guten Kameraden nach dem Eilenburger Bahnhof. Es war ein Abschied für immer, denn ich sah ihn nicht mehr."

Eine wahre Hetzjagd begann nun für unseren Genossen. Jahr und Tag vermochte er nirgends festen Boden zu fassen. Und das Menschenmaterial, welches er an den meisten Plätzen vorfand, war auch gerade nicht ermuthigender Natur. Wenn daher Reinsdorf damals vorübergehend pessimistische Anwandlungen bekam, so braucht man sich nicht darüber zu wundern.

Folgender Brief an einen Genossen in Amerika giebt Aufschluß über seine damalige Lage und Stimmung:

Pegau, den 11. Mai 1882.

Mein lieber ....!

Nach meiner Leipziger Ausweisung arbeitete ich noch drei Wochen in Witzenhagen bei Kassel, konnte mich aber nicht sehr lange halten, da mir außer dem Ausweisungsdekret jede andere Legitimation verweigert wurde, und begab mich mit .... auf die Walze. Wir gingen, ohne Arbeit zu erhalten, bis nach der Schweiz. Hier hielt ich mich an verschiedenen Orten kurze Zeit auf und arbeitete zuletzt drei Wochen in Freiburg, wo ich aber schon ein Jahr vorher ausgewiesen worden war. Von dort ging ich mit Flugblättern wieder nach Deutschland, wo ich hoffte, unter fremdem Namen bald eine Stelle zu erhalten, wurde aber in München — kaum angekommen — verhaftet, wie ich sicher glaube, in Folge Verraths von Seiten der Redakteure des „Socialdemokrat." Nachdem ich zwei Monate in Untersuchung gesessen, wurde ich noch zu vier Monaten Gefängniß verurtheilt. Nachdem ich frei war, erhielt ich gar keine Reisepapiere mehr und wurde überall, wo ich hin kam, auf's Schärfste überwacht und jedesmal telegraphisch bei der Polizei angemeldet, ich fand nirgends Arbeit und mußte schließlich — um mich ein wenig auszuruhen — hierher zu meinen Angehörigen gehen. Es ist augenscheinlich, daß man mir den Aufenthalt nirgends lange gestatten will, und auch so viel als möglich zu verhüten sucht, daß ich irgendwo Arbeit erhalte. Es bleibt mir deshalb nichts Anderes übrig, als wieder in's Ausland zu gehen, und hätte ich die nöthigen Mittel, so würde ich augenblicklich nach Amerika gehen. — Es ist nämlich jetzt unter den deutschen Arbeitern ein ganz miserabler Geist, und ich kann Dir versichern, daß die große Masse sich um die Socialisten — gleichviel welcher Richtung — fast gar nicht kümmert und auch — die Folge des Sozialistengesetzes — fast nichts von ihnen hört. So ist der

Hochverrathsprozeß fast spurlos an der Masse vorübergegangen und die Armen sitzen im Zuchthaus, ohne daß dies Martyrium der Sache das Geringste nützt. Von irgend einer Agitation ist gar nichts zu spüren, und ich bin überzeugt, daß Versammlungen nur noch im Gehirn der Polizei und wichtigthuenden Socialdemokraten existiren; ebenso ist es mit der Flugblätter-Vertheilung; es kann ja sein, daß an einzelnen Orten einmal etwas dergleichen geschieht, doch bleibt es ohne Wirkung, da nicht noch auf andere Weise das öffentliche Interesse und die Aufmerksamkeit fortwährend und in hohem Grade den Bestrebungen der Socialisten zugewandt werden. Es könnte nur Eins helfen — aber dieses Radikalmittel kann in Deutschland nicht zur Ausführung kommen und ich glaube, Du weißt es so gut als ich, deshalb schweige ich lieber.

Ich habe nun im Sinn, so viel als möglich mich pekuniär besser zu stellen, und womöglich etwas zu erwerben —, denn Du kannst es mit der Sache noch so ehrlich meinen, wenn Du nichts hast, so rechnen Dich die Arbeiter als Lump, und die Streber erst recht. Auszurichten ist mit mündlicher Agitation in Deutschland nichts und zu anderer braucht man Geld.

Noch will ich Dir mittheilen, daß ich von Freiburg in der Schweiz aus in contumaciam ohne allen Grund und natürlich nur aus Rache zu nicht mehr als drei Jahren verurtheilt worden war wegen Verbrechen gegen die Sittlichkeit!! Das war aber selbst den deutschen Gerichten etwas zu schnell und abenteuerlich zugegangen, so daß eine neue Untersuchung angeordnet wurde und das Landgericht München I gar keine Anklage erhob, sondern am 30 März beschloß, die Sache niederzuschlagen und mich außer Verfolgung zu setzen, da die einzige Belastungszeugin gänzlich unglaubwürdig sei. — Denke Dir diese republikanischen Schufte und denke Dir, daß mich, den Socialisten, die deutschen Gerichte retten mußten vor diesen Banditen. Uebrigens ist ja auch die Paßgeschichte erst jetzt — nach bald zwei Jahren — zu Ende gegangen, da der Gerichtspräsident Clerc in Freiburg alle Schlechtigkeiten anwandte, um es zu meiner Verurtheilung zu bringen.

Schreibe mir übrigens recht schnell und gieb mir eine gute Adresse an. Erzähle mir, was Du Interessantes weißt und was Du denkst. Ich habe seit sieben Monaten von unserer Sache nichts, auch nicht die „Freiheit" gelesen, da man mich von allen Seiten im Stich ließ. Als ich aus dem Gefängniß kam, hatte ich nämlich kein Geld und wandte mich an verschiedene alte Bekannte, aber von den meisten erhielt ich gar keine Antwort. Nur als ich schließlich an . . . . und . . . . schrieb, sandten mir diese etwas zur Heimreise. — Ich werde mich sehr vorsehen, ehe ich wieder Jemand etwas glaube, denn alle Schwätzer, die nicht durch Handlungen mich überzeugen, sind mir nur verhaßt.

Du wirst einsehen, daß ich mich ganz allein von den Jagdhunden zu Tode hetzen ließ, wenn ich nicht ruhig die Zukunft erwartete.

Also für heute lebe wohl und sei von Herzen tausendmal gegrüßt von Deinem August.

Bald darnach wurde Reinsdorf abermals in Untersuchung gezogen. Hierüber und über manches Andere läßt sich der nachstehende Brief an den gleichen Genossen aus:

Nancy, den 23. Aug. 1882.

Mein lieber ....!

Du kanst Dir denken, welch' große Freude ich hatte, als ich Deinen Brief empfing. Vielleicht hat Dir .... schon geschrieben, wie die Geschichte gegangen ist: sie dauerte glücklicherweise diesmal nicht lange, war aber selbstverständlich vom Zaune gebrochen; ich sollte an einem Dynamitdiebstahl betheiligt gewesen sein, was zu meinem Leidwesen nicht der Fall war, doch möchte ich gerne wissen, wo ein paar Zentner zu holen sind, brauchen könnte ich sie.

Bei dieser Gelegenheit wurde auch gleich die Paßdiebstahlsaffaire beendigt und ich natürlich freigesprochen, aber wegen Unterzeichnung des Protokolls mit einem falschen Namen zu zehn Tagen Gefängniß verurtheilt. — Ich ging von Berlin noch einmal zu meinen Eltern, die ich wahrscheinlich das letzte Mal gesehen habe, und reiste dann über Eisenach, Kassel, Elberfeld, Essen, Crefeld, Düsseldorf, Köln, Bonn, Aachen, Vervier, Spaa, Luxemburg, Trier Saarbrücken, Metz, Pont-a-Mousson nach Nancy, wo ich mit zerrissenen Schuhen, ohne Geld rc. ankam. Ich hatte im Sinn, bis Paris zu gehen, wäre aber jedenfalls in meinem Anzuge unterwegs abgefaßt und wieder über die Grenze spedirt worden, und so nahm ich denn hier die mir angebotene Arbeit an. Es ist ja allerdings in der Provinz in Frankreich nicht viel los, aber immerhin erhalte ich per Tag 5 Fr., was für einen Ausländer sehr viel ist. Da ich mir aber Alles verschaffen muß, denn ich habe gar nichts mehr, so will ich noch einige Zeit bleiben, bis ich das Fahrgeld nach Paris übrig habe, und dann dorthin gehen, denn hier ist es für mich sehr langweilig, da ich gar Niemand habe, mit dem ich mich unterhalten kann, und nur die „Freiheit" und den „Etendard revol.", welche mir .... allwöchentlich sendet, eine kleine Zerstreuung bieten. Bücher habe ich auch keine, und so verbringe ich meine Zeit mit Schreiben, Französisch lernen und Anhören der wöchentlich drei Mal stattfindenden öffentlichen Militär-Concerte.

Und nun, mein lieber ...., will ich Dir sagen, daß ich auf der Reise einige gute Genossen getroffen habe, und da auch .... mir Hoffnung auf baldige Aktion macht, so habe ich meinen Plan, nach Amerika zu kommen, für so lange aufgegeben, bis ich sehe, daß absolut nichts gemacht werden kann. Ich hoffe es dahin zu bringen, daß einiges Geld gespart wird, um damit etwas anzufangen. Es ist die Hauptsache, das weißt Du ja, was uns fehlt; mit Mitteln, denke ich, werden wir Alles machen und endlich Rache finden. Uebrigens ist es für mich am Ende ja auch nicht der Mühe werth, große Reisen nach Amerika zu machen, da mich die Buchdruckerkrankheit doch bald den Weg Eisenhauers wird wandern lassen, und wie dieser arme und brave Genosse möchte ich doch nicht sterben. Rache für alle Schurkereien, gründliche Rache, ungeheure, die ganze Bourgeoisie und ihre Knechte in Schrecken und Angst setzende Rache möchte ich haben und sollte ich dabei geviertheilt werden. Also, mein lieber . . . ., wenn ich sehe, daß Alles umsonst ist, daß in Deutschland und mit Deutschen gar nichts zu machen ist, daß auch in Frankreich noch nicht so bald an den Ausbruch der Revolution zu denken ist, und vielleicht, wenn ich mich auch in Frankreich nicht mehr aufhalten kann, dann will ich dir schreiben, mir ein Reisebillet zu senden — denn selbst werde ich wohl nicht das Reisegeld aufbringen. Aber vorher nicht! — Im Uebrigen bin ich der Hoffnung, Dich, mein lieber Freund, so oder so einmal wiederzusehen, denn ich hoffe, daß Du beim ersten Wetterleuchten das Schiff besteigen und hierherkommen wirst, um Theil zu nehmen an dem letzten großen Befreiungskampfe. Laß uns bis dahin alle unsre leiblichen Kräfte aufsparen, damit wir diesen Tag noch erleben — mich wird wohl das Gefühl der Hoffnung auf Vergeltung und der Enthusiasmus für die Befreiung aller Menschen vor leiblichem und geistigem Elend nicht zu Grunde gehen lassen. —

Bei meiner Freilassung in Berlin wurde ich zu meiner Verwunderung nicht auf die Bahn transportirt, was wahrscheinlich ein Versehen war; ich benutze deshalb die Gelegenheit, einige Freunde zu besuchen, und namentlich . . . .

Noch will ich Dir als Couriosum mittheilen, daß ich in Moabit wieder in die Abtheilung von . . . . kam; im Uebrigen ist es aber ein echt preußisch miserables Gefängniß und das Essen sehr schlecht. In Nürnberg war es besser; dort war ich fast immer krank und ich glaube nicht, daß ich eine längere Gefangenschaft noch einmal aushalten würde.

Und nun, mein lieber . . . ., bitte ich Dich, Dir das Leben so angenehm als möglich zu machen und Dich zu schonen, damit Du leiblich und geistig kräftig bleibst. — Schreibe mir bald ausführlich, auch über Deine Umgebung und Deine Beschäftigung, sowie das Parteileben, die Stadt, Deine Freunde u. s. w.

Lebe wohl und sei von Herzen tausendmal gegrüßt von

Deinem

August.

Reinsdorf in Paris.

Von Nancy aus begab sich Reinsdorf nach Paris, wo er in sehr kümmerlichen Verhältnissen bis in das Jahr 1883 hinein lebte. Im Uebrigen hatte er in der Metropole der Revolution reichlich Gelegenheit, seine Ideen auf's Neue zu ergänzen und seinen Thatendurst wieder anzufachen.

Er machte persönliche Bekanntschaft mit zahlreichen Männern der That und gewann durch den Umgang mit denselben an Leidenschaft und Erfahrung. Während seines dortigen Aufenthaltes war er auch ein sehr fleißiger Mitarbeiter der „Freiheit“. Ich zitire aus seinen Artikeln von damals nur die folgenden Stellen. Am 14. Oktober 1842 schrieb er:

„Was ist es, das unsere Brüder in Rußland beseelt, daß sie dem Tode durch den Strang so kühn in's Auge blicken; was ist es, das ihnen die Kraft giebt, die größten Martern standhaft zu ertragen? Was treibt sie zu so seltenen Thaten, opfern sie alles irdische Glück; gehen in die Fabriken als Tagelöhner, wandern hungernd und frierend von Ort zu Ort, um neue Kräfte zu sammeln an Stelle der Gefallenen? — Was treibt die Anarchisten in andern Ländern an, den Häschern Trotz zu bieten, Gefangenschaft und Elend zu erdulden, in's Exil zu wandern und nicht rastend, stets von Neuem, ohne Aufhören ihr ganzes Leben lang Opfer zu bringen, ohne Dank, ohne Anerkennung von Seite Derjenigen, für welche sie arbeiten, nur verleumdet, nur beschimpft, verfolgt und verkannt? — Was ist es, das sie ermuthigt, alle Bande der Familie, Freundschaft und Liebe zu zerreißen; allem Hergebrachten entgegen zu arbeiten, sich ganz von Allem zu isoliren, was heute Achtung und Ehre bringt? —

Es ist das Ideal des Anarchismus, das diese Gewalt über sie ausübt, die felsenfeste Ueberzeugung, daß mit dem Siege ihrer Idee die Wege geebnet sind für die Verwirklichung der kühnsten Hoffnungen, mit denen sich jemals der menschliche Geist getragen.

Was sind auch alle Bestrebungen eines Einzelnen oder ganzer Völker, welche uns die Geschichte aller Zeiten aufweist, was sind die größten Revolutionen, die uns die Weltgeschichte erzählt, was das Ringen eines Volkes oder einer Rasse nach Freiheit oder Befreiung vom Sklavenjoch, was sind größten Errungenschaften aller Zeiten gegenüber den Idealen, welche mit dem Triumphe des Anarchismus verwirklicht werden?

Vollkommene, unbeschränkte individuelle Freiheit! — Wo jemals hat ein Volk oder eine Partei diese kühne Idee ausgesprochen? Und verbunden mit der ökonomischen Gleichheit aller Individuen, ist es nicht das Höchste, wozu die Spezies „Mensch“ in ihrem Entwickelungsgange jemals gelangen konnte? Alle Tugenden, welche die Alten ihren Göttern andichteten, die aber nicht Raum auf Erden fanden, kann die Menschheit frei entfalten, ungehemt durch die Einflüsse, welche Herrschaft und Privateigenthum geschaffen, die das Edle im Menschen ersticken und nur als Traum, als unerreichbares Ideal im Innern einiger Wenigen eine Existenz fanden. Keine Verbrechen, die ja alle ihre Wurzel nur in den schlechten heutigen Einrichtungen haben, verunzieren mehr die freie und gleiche Gesellschaft, harmonisch vereinigen sich Wissenschaft und Kunst um Gemeingut Aller zu werden; nichts Anormales kann Raum finden im Umgang zwischen Mann und Weib, da wo Beide gleich frei und auf derselben Bildungsstufe stehen, auch materiell gleich unabhängig sind: kein Elend ergreift mehr das Herz des Menschenfreundes und der Egoismus, welcher den Geist der meisten Menschen gefangen hält, hat keine Wurzel mehr!

Das ist es, was unseren Genossen vorschwebt bei ihren Handlungen — und dieses Ziel zu erreichen, ist kein Opfer zu groß, ist keine That zu kühn. Alles, was unternommen wird, um Autorität und Privateigenthum zu stürzen oder die Mittel zur Beschleunigung ihres Unterganges zu beschaffen, mag es auch noch so sehr den heutigen Moralanschauungen wiedersprechen, geschieht für das größte Kulturideal, welches jemals der Menschheit vorgeleuchtet hat."

In No. 36 vom 28. Oktober 1882 beschrieb er seine Erlebnisse im Gefängnisse zu Amberg, wo er wegen Verbreitung der Flugblätter in München eingekerkert worden war. In seiner Selbstverleugnung redete er dabei nicht von sich, sondern er sprach in dritter Person von einem Namenlosen. Der Artikel lautete:

„Ein kleines Bild aus einem deutschen Gefängniß soll unseren Lesern das Loos unserer Genossen, die augenblicklich in Zuchthäusern und Gefängnissen schmachten, vor Augen führen, es soll ihnen die Schuftigkeit der deutschen Staatsbeamten zeigen und das Gefühl der Rache, der Vergeltung, der Vernichtung aller dieser Hallunken, des unversöhnlichsten, unaufhörlichsten Kampfes, des Hasses ohne Ende in die Brust träufeln.

Einer unserer Genossen wurde wegen eines politischen Vergehens in München verurtheilt und, da er „rückfällig", d. h. da er schon aus einem ähnlichen Grunde in Plötzensee gewesen war, vom Staatsanwalt Baumgärtl nach Amberg geschickt, wo meistens alle Diejenigen hingeliefert werden, die wegen Diebstahl, Körperverletzung, Wilddieberei 2c. das zweite oder dritte Mal zu Gefängniß verurtheilt wurden. Amberg liegt in einer ziemlich sumpfigen Gegend und ist wegen seines Schmutzes bekannt. Am Thore des umfangreichen, mit Eisengittern gezierten Gefängnisses war neben einer Schildwache zu lesen: „Straf-Anstalt Amberg." Nachdem unserem Genossen im Innern des Hauses die Kette abgenommen worden war, die auf der Reise seine Handgelenke gedrückt hatte, gings an die Taschenvisitation. Ein flaumbärtiger Mensch unter Assistenz des transportirenden Gensdarmen vollzog diese Prozedur in der gröbsten Art und Weise, indem er dabei auch unsern Genossen mit „Du" anredete.

Doch das sollte nicht das letzte Mal sein: Hausverwalter, Direktor, Doktor, Oberaufseher und sogar die gewöhnlichen Aufseher, Alle sprachen mit dem Gefangenen per „Du" und zwar alle in herrischem, befehlendem Ton. Was aber noch mehr an's Zuchthaus erinnerte, war die Prozedur des Haar- und Bartscheerens, da sowohl auf dem Kopfe, als im Gesicht die Haare ganz kahl abgeschnitten wurden, trotzdem es schon ziemlich kalt war. Die Folge hiervon, sowie der unzureichenden grauen Kleidung, ohne alle Unterkleider, waren natürlich

Husten, Schnupfen und Rheumatismus, welche in Verbindung mit der schlechten und schmutzigen Nahrung unseren Genossen bald so ruinirt hatten, daß er vom Doktor — der aber eher ein Viehazt genannt werden könnte — Leberthran zum Trinken erhielt; sein geschwollener Hals wurde mit Jod angestrichen.

Die täglich 12stündige Arbeit bestand in Strümpfestricken, und wurde in einem Saale in Gemeinschaft mit ca. 70 anderen, fast sämmtlich verkommenen Individuen, vollbracht; der Geruch in diesem Lokale war schauderhaft; kein Wort durfte den ganzen Tag, außer den Freipausen, gesprochen werden. Abends halb 8 Uhr ging es in die Schlafsäle, wo auch 70 Mann eng zusammengepferdt lagen und zwar mußte sich Jeder sofort, nachdem die Nachtsuppe im Dunkeln verzehrt war, niederlegen, nicht um zu schlafen, sondern den Stichen einer Unzahl Ungeziefer ausgesetzt zu sein, das hier mit Scheffeln gemessen werden kann und zu Tausenden in den wollenen Decken und dem halbfaulen Stroh festsitzt.

Doch der menschliche Körper kann viel aushalten — wenn nur der Geist noch Beschäftigung hat. Unser Genosse ließ sich zum Direktor melden und ersuchte um Lektüre. „Hier giebt es keine Bücher," war die Antwort dieses alten Banditen. Es kam Weihnachten und Neujahr mit seinen vielen Feiertagen; unser Genosse hatte nichts zu thun, als den ganzen Tag Ungeziefer zu tödten, was auch neben der Kirche die Hauptbeschäftigung der meisten Gefangenen bildete. Einige Male gab es am Sonntag Nachmittags ein Dutzend religiöser Schriften für 70 Mann, die bis zum Eintritt der Nacht gelesen werden konnten.

Der Hunger ist in diesem Gefängniß ein ständiger Gast, und niemals bleibt, selbst von den ungenießbarsten Speisen, etwas übrig, wenn auch noch so viel Schmutz, Haare, Borsten, Bindfaden und dergleichen darin herumschwimmen. Die meisten Disziplinarstrafen bestehen deshalb auch in Entziehung der Mittagskost oder in Arrest, welcher nur noch durch Frieren, Schlaflosigkeit und beständigen Aufenthalt im Dunkeln verschärft ist. — Beschwert sich ein Gefangener über die schlechte Nahrung, so kommt er in Arrest auf zwei bis drei Tage — und kommt er heraus, so ißt er schon Alles, denn der Direktor weiß, daß ihm der Hunger die Lust zu allen ferneren Beschwerden vertrieben hat.

Jeder Gefangene erhält eine schmutzige Kopfbedeckung; die wenigsten derselben benutzen sie, denn es ist Vorschrift, auch den niedrigsten Beamten mit entblößtem Haupte zu salutiren. Morgens und Abends müssen die Gefangenen, auch bei der größten Kälte, in Schnee oder Regen, auf dem Hofe antreten, um abgezählt zu werden. In ihrer dünnen Kleidung stehen die ausgehungerten Gestalten zitternd da, ohne Kopfbedeckung natürlich, der Regen platscht auf ihre Köpfe, sie husten unisono — das Lazareth ist immer voll und sehr häufig steht der Leichenwagen im Hofe.

Das schlimmste ist die sogenannte Zimmertour, d. h. das Reinigen der Schlaf- und Arbeitssäle und das Leeren der Kübel. Letztere sind sehr schwer, kaum zum Fortbringen, doch da giebt's keine Gnade. Unser Genosse, so krank er war, mußte sich dieser Arbeit so gut wie die Anderen unterziehen, denn Dispens davon ertheilt nur der Gefängnißarzt den Halbtodten; wer noch ein wenig laufen kann und trotzdem Dispens verlangt, kommt in Arrest.

Der Unterschied zwischen Sommer und Winter besteht nur darin, daß bei den längeren Tagen auch länger gearbeitet wird und statt der Kälte die Hitze und das vermehrte Ungeziefer die Armen plagt; auch ist im Sommer das Essen noch schlechter. Alle Gefangene werden aus diesen Gründen auch periodisch krank — dann hilft ihnen der Doktor mit Leberthran, dem Universalmittel dieses Gefängnisses, wieder auf die Beine.

Doch Alles dieses wird noch verschärft durch die täglichen kleinen Schikanen, welchen der politisch Gefangene von Seiten der Aufseher und einigen seiner Mitgefangenen, von denen manche schon zehn oder zwanzig Jahre im Zuchthaus waren, ausgesetzt ist. Falsche Denunziation, Schimpfreden und Plagen aller Art sind an der Tagesordnung; wer noch einen Funken von Ehrgefühl hat, sehnt sich nach Einzelhaft. Denn wenn er sich auch an die Bisse des Ungeziefers gewöhnt; wenn sein Geist sich auch die Unthätigkeit durch die Pläne an Rache, an Vergeltung erleichtert, die monotone Arbeit, verbunden mit den immerwährenden Erniedrigungen und Verhöhnungen, reiben ihn auf, die schlechte Luft und die schlechte Ernährung thun das Uebrige; und die Schwindsucht beginnt ihr Werk . . . .

Der einzige Trost für unsere Freunde in der Gefangenschaft ist die Ueberzeugung, daß sie gerächt werden, — ohne diesen Gedanken wären sie noch zehnmal elender. Wenn alle Hoffnung um sie her schwindet, wenn sie abgeschnitten von uns, hülflos allen Schurkereien ausgesetzt, beinahe verzweifeln, dann ist ihr einziger Trost der Gedanke, daß ihre Brüder an sie denken und auf Mittel sinnen, sie zu rächen, unbarmherzig zu rächen, damit die Rache würdig sei ihrer Qualen!“

Zurück nach Deutschland.

Verschiedene Umstände machten für Reinsdorf den Aufenthalt in Paris schließlich unmöglich. Er begab sich wieder nach Deutschland zurück. Mannigfaltige Kreuz- und Querzüge benützte er, allenthalben neue Verbindungen anzuknüpfen und überhaupt organisatorisch zu wirken. An manchen Orten traf er tüchtige Genossen, welche sich bereit zeigten, mit ihm Hand in Hand zu arbeiten, so in Mannheim, wo sich Genosse Carl Mildenberger (jetzt in Amerika) auf das Intimste mit ihm befreundete.

Schließlich ließ er sich in Elberfeld nieder. Es war ihm bekannt, daß im Wupperthale ein ungeheures Elend herrschte. Hier, dachte er, müsse für seine Propaganda ein gutes Feld sein.

Bald hatte er auch eine Gruppe gebildet; allein im Allgemeinen legten sich doch seinem Beginnen unzählige Hindernisse in den Weg. Die Knechtschaft führt eben gerade an solchen Plätzen, wo sie ganz besonders stark sich entwickelt hat, zur Hoffnungslosigkeit, zur völligen Austilgung des Mannesmuthes, wenn nicht gar zu gänzlichem Stumpfsinn, wie man in vielen Fabrikdistrikten Englands beobachten kann.

In dem nachstehenden Briefe beklagte sich denn auch Reinsdorf einem Freunde gegenüber in dieser Beziehung sehr bitter.

Wupperthal, 15. Juli 1883.

Mein lieber Fritz!

Ich lasse diesen Brief über Stuttgart senden. — Die 75 Mk. für die Vertilgung von Ungeziefer richtig erhalten: die eigentliche „Quittung" darüber soll schleunigst nachfolgen. Habt Ihr nach Empfang derselben Lust, mehr zu senden, so kann dies stets unter der gleichen Adresse geschehen, aber am Besten deklarirt.

Seit ich mich hier aufhalte, suchte ich selbstverständlich vernünftige Burschen und glaubte auch hier am ehesten solche zu finden — ja, Maulhelden gab's mehr als irgendwo, aber das war auch Alles, und wenn ich darnach hätte urtheilen sollen, so hätten die Kerls die halbe Welt gefressen, aber sobald es an's Handeln gehen sollte, da sah ich nur noch zwei alte Lassalleaner, die aber jeder einen Haufen Kinder haben und auf die ich selbst verzichten mußte. Wäre dies Alles nicht so miserabel schlecht gegangen, so hättet Ihr jedenfalls schon längst ein Lebenszeichen vernommen; aber mit was für Schwierigkeiten aller Art ich schon deswegen zu kämpfen hatte, kannst Du Dir nicht vorstellen, und ich will es auch nicht beschreiben, aber Schwatzhaftigkeit, Aengstlichkeit, Knauserei, Unvorsichtigkeit, Mißtrauen, Großmäuligkeit, Hintergehung, Enttäuschungen u. s. w. hätten mich schon langst müde gemacht, wenn ich überhaupt noch zu ermüden wäre in meinem Vorhaben, das nur mit mir selbst sein Ziel finden kann. Doch genug davon, Thaten sollen reden.

Was die Broschüre von Engels anbelangt: „Die Entwicklung des Sozialismus von der Utopie zur Wissenschaft", so ist dieselbe für die Anarchisten in Deutschland wichtiger, als man bis jetzt glaubt; denn Engels ist der geistige Inspirator Liebknecht's und in Folge dessen der ganzen sozialdemokratischen Partei. Aber mit seinem Ausspruch auf S. 43, daß die Uebernahme der Produktionsmittel durch den Staat dessen letzter Akt als Staat sei, stößt er den ganzen „Volksstaat" Bebel-Liebknecht's, den diese so mühsam aufgebaut haben, über den Haufen, denn nach diesen Beiden fängt dann der „wahre „Volksstaat" erst recht an. Abgesehen davon, daß er sich denkt, der „Staat" soll den Bourgeoisstaat enteignen oder expropiiren, so glaube ich, dies ist nur noch ein kleiner Faden, mit dem er sich an Marx anklammert, aber diese Phrase ist doch ganz werthlos, sobald man sich die Sache praktisch vorstellt, denn dann heißt dies: Das revolutionäre Proletariat übernimmt die Produktionsmittel und der „Staat“ ist abgeschafft. Man kann höchstens sagen, daß Engels taktisch nicht mit den Anarchisten übereinstimmt, prinzipiell aber kommt seine Idee auf die Hauptsache anarchistisch heraus — und dies sollte ordentlich ausgebeutet werden! Ich selbst habe jetzt keine Zeit zum Schreiben, das kannst Du Dir denken, und lese auch nur wenig.

Ich las in der „Freiheit“ von einem Fluidum zum Selbstentzünden, also um Feuer damit anzulegen. Es wäre gut, wenn Ihr damit praktische Versuche machtet und mir die Zusammensetzung und Handhabung dann mittheiltet; ich kann es bald brauchen (Pariser Adresse).

In Elberfeld-Barmen werden die Arbeiter ganz ungeheuer ausgebeutet und die Geldprotzen entwickeln eine herausfordernde Unverschämtheit. Sobald ein einzelner Proletarier sich das Blut aus den Nägeln geschunden hat, um eine Kleinigkeit mehr zu verdinen, wird sofort Allem am Accord abgezogen, weil man ja sieht, daß bei viel „Fleiß“ (Zutodeschinden) doch noch etwas mehr als bisher gearbeitet werden kann. Wenn der Arbeiter mit Familie hungert und eine Kleinigkeit als Vorschuß verlangt heißt's höhnend: Fleißiger arbeiten, dann gibt's mehr Lohn und der Hunger hört auf. Grauenhafte Ziffern stellen die chemischen Fabriken an Kranken und Unheilbaren. Die Weber sind namentlich schlimm daran: Wenig Arbeit kleiner Lohn und viel Abzüge für jede Bagatelle. Aber die Hauptsache ist und bleibt: Diese elende Bourgeoisbande hat es hauptsächlich auf dem „Gewissen“, daß in Deutschland die Reaktion bis zu einem solchen Grade steigen konnte, und giebt der Regierung die Mittel in die Hand, uns auf's Hunde-Nieveau herabzudrücken. Sie ist bar aller edlen Triebe, denkt nur an's Fressen und Saufen, Huren und Genießen von unserem Schweiß und Blut und daran, jedes Aufbäumen gegen den materiellen Druck, jedes geistige Regen, jeden Idealismus mit Wuthgeheul zu vertilgen. Das wird ein Ende nehmen! — —

Für heute grüßt Dich Dein

August.

An die „Freiheit“ sandte er um die nämliche Zeit eine Correspondenz welche ebenfalls deutlich genug spricht. Dieselbe lautete.

„Obgleich unter den jetzigen Verhältnissen kein großer Freund vom Zeitungsschreiben, halte ich es doch für nöthig, einmal einige Worte über einen Gegenstand zu verlieren, der meines Wissens noch nicht in diesem Blatte zur Sprache kam: es betrifft dies das Heirathen.

Mag es in andern Ländern, namentlich in Rußland und Frankreich, wo die Frauen der Anarchisten größtentheils die Ansichten ihrer Männer theilen, nicht zutreffen — in Deutschland aber sind die verheirathete Genossen für die anarchistische Propaganda fast immer untauglich.

Es hat dies seinen Grund einerseits in dem grenzenlosen Egoismus der deutschen Frauen, der ja allerdings auch seine Ursache in den heutigen schlechten Verhältnissen hat, andererseits und zum größten Theil in der schrecklich blödsinnigen Erziehung, welche das weibliche Geschlecht gerade in Deutschland erhält.

Trotz dieser letzteren Thatsache lassen sich viele, ja die meisten unserer verheiratheten Genossen in ganz unbegreiflicher Weise von ihren Frauen beeinflussen. Mag dies nun seine Ursache in den engen deutschen Bettstellen haben, so wird leider dieser Einfluß am Morgen doch nicht mit den Federn abgeschüttelt.

Einige Thatsachen mögen als Illustration dienen. Wenn man in Deutschland als Verfolgter bei den Gleichgesinnten Zuflucht sucht, so wird man fast ausnahmslos zu Verheiratheten gewiesen.. Warum? Nun, sobald der Arbeiter in ein gewisses Alter kommt, verlangt auch bei ihm die Natur ihr Recht; und weil die Lohnverhältnisse ihm nicht gestatten kostspielige Liebeleien zu unterhalten, auch Vorurtheile und hemmende Gesetze der freien Liebe im Wege stehen, so nimmt er sich, trotz der Aussicht auf lebenslanges Elend, eine Frau, bei deren Wahl der natürliche Trieb leitet. Allerdings kommt ihm bald der Verstand — er wird revolutionär — aber seine Thatkraft ist durch harte Arbeit am Tage schon soweit erschlafft, daß die Frau bei Nacht leichtes Spiel hat, ihm kühne Vorsätze durch allerlei angenehme oder unangenehme Kniffe auszutreiben, so daß ihm nichts als eine platonische Liebe für revolutionäre Redensarten bleibt.

Kommt man nun zu einem solchem Genossen, um sich ein wenig auszuruhen, so ist vor Allem nöthig, das man genug Geld hat, um die dadurch entstehenden Mehrauslagen zu decken, denn überall ist Armuth zu Hause; man giebt nun ja gerne seine letzten Groschen her, aber trotzdem wird doch schon am zweiten Tage die Gattin unseres Genossen den ungebetenen Gast mit Blicken betrachten, die Alles eher als die Aufforderung zum Längerbleiben aussprechen, denn die Wohnung ist eng — der Kinder sind nicht wenige — und vielleicht bringt ein Verfolgter auch noch Ungelegenheiten mit der Polizei in's Haus, vor denen sich ja unser gastfreundlicher Genosse nicht fürchten würde, wenn seine Frau nicht auch noch ein Wörtchen mitzureden haben würde.

Wie es in solchen Fällen — und der Ausnahmen giebt es nur wenige — mit der thatsächlichen Unterstützung unserer Sache aussieht, ist leicht zu errathen; der langen Ausreden kurzer Sinn lautet stets: „Ich habe mir ein Weib genommen, und darum kann ich nicht kommen.“

Für Leute, welche da glauben, man brauche nur ruhig abzuwarten, die Revolution werde schon selbst vom Himmel herunterschneien, wenn es auch noch einige Jahrhunderte dauert, mag das ja ganz „socialdemokratisch“ gedacht und gehandelt sein, nicht aber für Anarchisten, welche wissen, daß es viele und große Opfer der wenigen Pioniere erfordert, um die träge, kleinliche, selbstsüchtige Masse aufzurütteln — und daß es vor Allem in Deutschland nöthig ist nicht den langsamen Versimpelungsprozeß, welchen jetzt Pfaffenthum, Bourgeosie und Regierung vereint betreiben, durch ruhiges Zuwarten zu unterstützen, sondern daß man durch kräftige, schmerzvolle Operationen die Krisis beschleunigen muß, wenn auch der Patient zuckt und wimmert — um dem schleichenden Gifte nicht Zeit zum Inficiren des ganzen Körpers zu lassen.

Ich fordere also von denjenigen Genossen, die noch nich verheirathet und für unsere große Sache etwas mehr zu thun Willens sind, als das gewöhnliche Stimmvieh, daß sie logisch nach ihrem Princip handeln. Als Anarchisten verlangen wir auch die völlige Beseitigung aller Schranken, die dem Geschlechtsverkehr jetzt gezogen sind, und es ist nur in der Ordnung, daß wir dies schon heute konsequent durchführen, und nicht zum Pfaffen oder Standesbeamten laufen, zur Einholung der kirchlichen oder staatlichen Concession für die Ausübung natürlicher Funktionen. Finden sich für uns in ganz Deutschland keine Frauen, die stark genug sind, allen Vorurtheilen und Ungelegenheiten die Stirn zu bieten, so wollen wir unsern Idealen auch noch dieses Opfer bringen, darauf zu verzichten, und nur neue Kraft und neuen Trieb zum Kampfe daraus schöpfen gegen eine Gesellschaft, die uns Alles versagt.

Geheiligt sei die Rache! — —

Ich will diese Gelegenheit gleich benützen, um die im Auslande weilenden Genossen über einen Irrthum aufzuklären: Es wird nämlich noch vielfach geglaubt, daß alle diejenigen Arbeiter, welche nach Zürich Beiträge bezahlen und sich an den Wahlen betheiligen, den Anarchisten feindlich gesinnt wären. Dem ist durchaus nicht so.

Wer Gelegenheit hat, die wahre Gesinnung des intelligenten Theiles der Arbeiterschaft kennen zu lernen, der weiß daß es nur noch Wenige giebt, die gedankenlos Leitartikel aus dem „Socialdemokrat" nachplappern. Schon wer letzteres Blatt liest, wird wahrnehmen, daß die Sprache, welche in den von den Arbeitern geschriebenen Korrespondenzen aus Deutschland gesprochen wird, ganz andere Gesinnungen verräth, als diejenigen, von denen die meisten Leitartikelschreiber desselben Blattes, d. h. die Herren „Führer" und Reichstagsabgeordneten, beseelt sind. Die Masse der Geplagten wünscht nichts sehnlicher, als die Anwendung der anarchistischen Taktik auch in Deutschland, und es liegt eigentlich nur an den Anarchisten, daß sie noch so wenig augenscheinliche Erfolge aufzuweisen haben.

Lassen wir den vielen Worten eben so viele Thaten folgen, und der Sieg ist unser.

Nachdem der geistige Inspirator Liebknechts und damit der ganzen sozialdemokratischen Partei, Herr Friedrich Engels, vor Kurzem in seiner Broschüre: „Die Entwickelung des Sozialismus von der Utopie zur Wissenschaft," in einigen wenigen Zeilen, so als ganz selbstverständlich, die sozialdemokratische Volksstaatsidee als wissenschaftlich unzulänglich über Bord geworfen hat, werden nun wohl auch die Tage der sogenannten Wissenschaft, die sich bisher uns gegenüber so breit machte, gezählt sein und mit ihr hoffentlich das ganze aufgeblähte Gesindel verschwinden, das bis jetzt von ihr zehrte.

Es giebt nur eine logische Auffassung des modernen sozialistischen Ideals: das ist die Anarchie — und dieses Ideal ist nur auf eine Weise zu erreichen: durch Anwendung der anarchistischen Taktik."

Ein grandioser Plan.

Nachdem es Reinsdorf gelungen war, Leute zu finden, von denen er annahm, daß sie geeignet seien, an revolutionären Aktionen theilzunehmen und nöthigenfalls dabei das Leben zu riskiren — eine Annahme, die sich allerdings später leider als Täuschung erwies —, glückte es ihm auch, eine Quelle zu entdecken, aus welcher Dynamit, dieser herrliche Stoff, welcher der Freiheit buchstäblich eine Gasse brechen wird, bezogen werden konnte.

Jetzt war er glücklich. In seinem Kopfe jagten sich ungeduldig die Gedanken; sein Herz pochte stürmischer als je. Die Propaganda der That konnte ja nun in großem Maße inscenirt werden.

Eine Probe machte er zunächst im Kleinen, indem er veranlaßte, daß in dem Protzen-Restaurant des Willems zu Elberfeld ein ziemlich kräftiges Dynamit-Geschoß losgefeuert wurde. Die Wirkung dieses ersten Experimentes war, obgleich dessen eigentlicher Zweck, die Vernichtung etlicher „Ordnungs"-Lümmel, nicht erreicht wurde, eine ganz großartige, indem die Reaktionäre tobten und rasten, wohingegen die Arbeiter ihre helle Freude über das Geschehene an den Tag legten oder das Bedauern darüber aussprachen, daß der Streich nicht besser gelungen war. Auch diese That hatte also P r o p a g a n d a gemacht. Dazu kam noch, daß die Polizei sich vergebens die hohlen Schädel zerbrach, den Thätern auf die Spur zu kommen. Feinde, die bald da, bald dort mit Donner und Blitz sich geltend machen und dennoch verborgen bleiben, müssen für die Reichen und Mächtigen und für deren Ober- und Unternachtwächter ganz besonders entsetzlich sein.

Was nützen da alle Soldaten und Polizisten, alle Justizstrolche und Spione, alle Kerker und Ketten, wenn die „höchsten Herrschaften", wie ihre Organe, keine Minute vor Explosionen sicher sind, bei denen unsichtbare Hände die Lunte führen?! —

Reinsdorf war mit solchem Erfolge aber keineswegs zufrieden. Er hatte ein kühneres Verlangen. Er wünschte, eine That von welterschütternder Natur zu inscenirен. Seine Schußmarke befand sich im Berliner Schloß und in anderen Palästen. Er wollte die obersten Repräsentanten der Ausbeutung, ja die Personifikation der deutschen Tyrannei, mit jähem Schlag vernichten.

Aber wie? Gekröntes und ähnliches Gelichter ist heutzutage mit doppelten und dreifachen Schutzwällen umgeben und von ganzen Legionen eunuchenhafter Wächter beschützt. Nur bei außerordentlichen Anlässen giebt es Momente, wo ihre Achillesferse sichtbar wird, wo man ihnen beizukommen im Stande ist.

Eine solche Gelegenheit nahte heran. Am 28. September 1883 sollte auf dem Niederwald bei Rüdesheim das Germania-Denkmal enthüllt werden. Es war ausgemacht worden, daß der sogenannte deutsche Kaiser, dessen vermeintlicher Nachfolger, Bismarck, und ähnliches Geschmeiß der Feierlichkeit beiwohnen werden. Da war daher die ganze Sippschaft zu erwischen, zu treffen, zu vernichten.

Reinsdorf erfaßte diese Situation sofort; im Augenblicke war auch sein Entschluß gefaßt, vermittelst Dynamit die ganze Bande am 28. September in die Luft zu sprengen.

Da spielte ihm das Schicksal einen argen Streich. Am 8. September stürzte er beim Ueberschreiten eines Eisenbahnstranges so unglücklich, daß er ins Lazareth getragen werden mußte, wo er bis zum 21. Oktober darnieder lag. Der Leser kann sich leicht vorstellen, welch' eine peinliche Situation das für Reinsdorf war. Näher und näher rückte der längst erwartete Tag der Entscheidung; er aber war und blieb ans Krankenbett gefesselt. — —

Sollte deshalb der herrliche Plan aufgegeben werden? Nie und nimmermehr! Konnten nicht Andere vollbringen was er ersonnen hatte? Gewiß! War es aber sicher, daß dieselben im kritischen Augenblicke den nöthigen Muth bewahren werden? War ihnen genug Vorsicht und Geschicklichkeit, die Sache zu vollbringen, zuzutrauen — —

Gequält von solchen Gedanken fügte sich Reinsdorf ins Unvermeidliche und betraute zwei seiner Genossen mit einer Mission, welche er gar zu gern selber erfüllt hätte, welche auch sicher erfolgreich gewesen wäre, wenn er sie persönlich vollbracht haben würde, und die überhaupt nur deshalb mißglückte, weil seine Instruktionen in der leichtfertigsten Weise mißachtet worden sind.

Er rief die betreffenden Leute zu sich ans Krankenlager und sagte ihnen, was zu verrichten sei. Haarklein zergliederte er ihnen den Plan; seine Anleitungen waren minutiös. R u p s ch und K ü ch l e r — denn von diesen ist die Rede — versprachen zu thun, wie ihnen aufgetragen worden.

Sie traten auch in der That die Reise mit den nöthigen Materialien an und vermeinten, Alles zu machen, wie ihnen geheißen wurde. Die Nichtbefolgung eines scheinbar unwichtigen, in Wirklichkeit aber entscheidenden Auftrages schloß indeß von vornherein das Gelingen der Aktion aus. Küchler hatte gewöhnliche Zündschnur gekauft, statt, wie Reinsdor ausdrücklich angerathen hatte, w a s s e r d i ch t e Zündschnur sich zu beschaffen.

Rupsch und Küchler begaben sich nach Rüdesheim, und in der Nacht vom 27. auf den 28. September 1883 schritten sie dem Denkmal zu.

Nicht weit davon entfernt, wo die Straße am Rande des Waldes sich hinzieht, luden sie eine ganz beträchtliche Menge Dynamit in eine Drainage-Röhre unter dem Wege, steckten eine Sprengkapsel in das Explosionsmaterial und zogen von da aus die daran befestigte (nichtwasserdichte) Zündschnur in den Wald hinein. Das thaten sie, obgleich es regnete! Ja, sie bedeckten die Schnur auch noch mit nassem Gras und Laub.

An einem Baumstamme, den sie durch Einschnitte kenntlich machten, befestigten sie das Ende und gingen nach Rüdesheim wieder zurück.

Am andern Morgen waren sie zur Stelle. Der Kaiserl. Zug nahte heran, Küchler gab das verabredete Zeichen, Rupsch hielt seine brennende Cigarre an das mit Feuerschwamm versehene Ende der Zündschnur — ein Moment athemloser Erwartung folgte — der Zug passirte in vollem Prunke vorbei — eine Explosion fand nicht statt.

Küchler stellte Rupsch über den Fehlschlag zur Rede, dieser überzeugte den Ersteren daß er den Schwamm wirklich in Brand gesteckt habe, daß derselbe aber nur verkohlte, weil er feucht geworden war.

Noch war aber die Hoffnung nicht aufzugeben; der Festzug mußte ja wieder den nämlichen Weg retour kommen, sobald als die Enthüllungs-Posse vorübergegangen. Ein frischer Schwamm ward genommen.

Abermals nahte sich Lehmann und Complicen der kritischen Stelle, unter welcher ihr Tod lauerte; wiederum entzündete Rupsch den Schwamm. Die folgenden Secunden der Erwartung dehnten sich zu endlosen Stunden aus. Hinunter gings mit Sang und Klang und wüstem Jubelgeschrei des anwesenden Knechte- und Bediententhums — wieder blieben Blitz und Donner aus. — — —

Eine nachträgliche Untersuchung ergab, daß die Schnur nur eine Strecke weit langsam glimmte und dann gänzlich erlosch. Unter gegenseitigen Vorwürfen zogen Küchler und Rupsch den Sprengstoff aus der Drainage hervor und schritten dann nach Rüdesheim, wo die zahllosen Festbummler anfingen, „moralisch“ und physisch betrunken zu werden. Bitterniß im Herzen, stieg ihnen beim Anhören des wüsten Spectakels der Mordspatrioten der Gedanke auf, diesen wenigstens zu kosten zu geben, was für „höhere“ Banditen bestimmt war.

Nachts brachten sie einen Theil des Dynamit vor der Festhalle zur Explosion — wieder in so unpraktischer Weise, daß lediglich nur Holzwerk, Flaschen, Gläser u. dgl. beschädigt wurden.

Als sie nach Elberfeld zurückgekehrt waren, meldeten sie ihr blödsinniges Verfahren Reinsdorf, der natürlich bereits wußte, daß sein schöner Plan nicht realisirt worden war. Mit verhaltenem Zorne hörte er die Erzählung der einfältigen Leute an. „So etwas kann auch nur mir passiren,“ war Alles, was er sagte.

Er dachte: Aufgeschoben ist nicht aufgehoben. Ein ander Mal, tröstete er sich, werde er doch nicht wieder gezwungen sein, im

Lazareth zu liegen, sondern mit eigener Hand das Werk vollbringen können.

Seine Hoffnungen waren leider eitel. —

Im Gefängniß.

Am 21. Oktober 1883 wurde Reinsdorf aus dem Lazareth von Elberfeld entlassen. Sogleich nahm er seine Thätigkeit wieder auf. Er begab sich nach Frankfurt a. M. und agitirte in der dortigen Gegend sehr ernergisch. Ein von ihm inscenirter Versuch, im Kursaal zu Wiesbaden der „Ordnungs"-Brut mit Dynamit auf den Balg zu rücken, schlug fehl, indem die Zündvorrichtung versagte. Dagegen hatte sein Dynamit-Attentat im „Glesern Hof" (Frankfurter Polizeipräsidium) insofern Erfolg, als es beinahe die ganze Bude in Trümmern gerissen hätte. Rumpff, gegen den der Coup in erster Linie gerichtet war, kam freilich leider mit dem bloßen Schrecken davon.

Welch' ein Aufsehen weit und breit diese Sache erregte, ist wohl jedem Leser bekannt. Rumpff reiste überall umher, um den Thätern auf die Spur zu kommen; hohe Belohnung wurden etwaigen Angebern versprochen, und Jeden, der im Geruche des Anarchismus stand, ließ Rumpff arretiren und inquiriren. Alles umsonst!

Endlich verfiel die elende Spitzelseele auf den Gedanken, auch Reinsdorf auf's Gerathewohl festnehmen zu lassen. Das wurde ihm leicht genug, indem unser Genosse, als er sich später nach Hamburg begeben hatte, dort abermals erkrankte und bis zum 9. Jannar 1884 im Spital lag.

Die Polizei wartete ruhig dessen Entlassung ab und verhaftete ihn am 11. Januar. Man transportirte ihn nach Frankfurt, wo Rumpff alle erdenklichen Manöver machte, ihn zu überführen Viele Leute — Verhaftete und Andere — wurden mit ihm confrontirt; die geriebensten Criminalkniffe wurden gegen ihn ausgespielt. Allein das Verhör war dennoch stets sehr monoton.

„Herr Reinsdorf, was haben Sie hierauf zu sagen?" pflegte Rumpff immer und immer wieder zu fragen. „Der Herr Reinsdorf hat Ihnen gar nichts zu sagen!" lautete jedes Mal die Antwort unseres Genossen. — Sein Verhalten sollte sich jeder zum Muster nehmen, der unter die Krallen der Justizstrolche geräth. Mögen die Burschen fragen, was und wie und so oft sie wollen — man verweigere jede Antwort.

Auch in anderer Beziehung hat sich Reinsdorf, wie hier eingeschaltet werden mag, jederzeit im Kerker mustergiltig verhalten. Wenn man ihm jede geistige Beschäftigung unmöglich machte und — glaubte, so ihn zwingen zu können, sich für die Verwaltung durch Handarbeit zu bethätigen, pflegte er stets zu sagen: „Ich arbeite für keine Tyrannen!“

Die Gefängniß-Pfaffen sind die scheußlichsten Gesellen, welche die Gefangenen in ihren Zellen belästigen. In allen erdenklichen Tonarten suchen diese Kerle sich den Verhafteten zu nähern und sie auszuhorchen. Reinsdorf hat sie sich immerdar vom Leibe gehalten.

Halfen Spott und Hohn nichts, so wurde er im höchsten Grade grob. „Ich bin Anarchist und habe mit Ihnen gar nichts zu verhandeln!“ sagte er den frommen Schleichern. „Und da ich Ihrer Weisheit entbehren kann, so ersuche ich Sie, meine Zelle zu verlassen.“ Versuchen, ihn gewaltsam zur Kirche schleppen zu wollen, begegnete er mit der Drohung, den sogenannten „Gottesdienst“ stören zu wollen. Endlich ließ man ihn mit solchem Quark ungeschoren.

Der Hausordnung schlug er alle erdenklichen Schnippchen. Besonders gut verstand er sich auf den Verkehr mit inhaftirten Genossen. Als z. B. gleichzeitig mit ihm Genosse Dave im Berliner Untersuchungsgefängniß saß, da pflogen Beide eine sehr lebendige Correspondenz, ohne daß die wachthabenden Cerberusse je dahinter gekommen wären.

Nachdem Rumpf einsehen gelernt, daß sein Fang ein vergebener war, spielte er unseren Kameraden dem elenden Gottschalk, Polizeikommissär von Elberfeld, in die Hände, und zwar, ohne daß irgend welche Anklagen gegen Reinsdorf vorlagen. Gottschalk fand aber, daß derselbe „verdächtig“ sei, allerlei Hochverrätherisches während seines Aufenthaltes in Barmen-Elberfeld getrieben zu haben; und das war Grund genug, ihn des Weiteren zu „untersuchen“.

Auch diese Manipulation hätte resultatlos bleiben müssen, wenn nicht andere Umstände den Polizeibütteln und Criminalisten in einer unerhörten Weise in die Hände gearbeitet hätten.

Die Mitglieder jener Gruppe, welche Reinsdorf in Elberfeld gegründet hatte, und zu welcher auch Rupsch und Küchler gehörten, bestanden zum größten Theil aus entsetzlichen Schwätzern, die über die Vorkommnisse vom Niederwald und andere geheim zu haltende Dinge redeten, als wenn es die harmlosesten Spielereien gewesen wären. Natürlich hatte Jeder auch außerhalb der Gruppe den einen oder den andern „guten Freund“, dem „im Vertrauen“ Alles haarklein erzählt werden mußte. Und so ging es denn weiter mit Grazie, bis schließlich die Ohren der Polizei ebenfalls Wind bekamen. Ein Mitglied der Gruppe, Bachmann, der bei Willems die Dynamitexplosion ausgeführt hatte, war nach Luxemburg gegangen, wo er sich so sicher glaubte, daß er es rathsam fand, allenthalben damit zu prahlen, was er gethan! — Auch dort hörte sich die Polizei die Geschichte an, verhaftete den unvorsichtigen Menschen und lieferte ihn nach Elberfeld, wo ihm sofort das Herz in die Kniekehle sank, und wo er dem Gottschalck mittheilte, was dieser nur immer wünschen mochte.

Letzterer hatte inzwischen ohnehin seine Fäden gehörig zusammengesponnen. Eine großartige Briefsperre hatte ihm auch noch Fingerzeige an die Hand gegeben; und bald kannte er Jeden, der zur fraglichen Gruppe gehörte. Er verfuhr des Weiteren wie Sudeikin in Rußland, indem er Solche, die ihm „verdächtig" schienen, verhaften und provisorisch (auf ein paar Tage) wieder laufen ließ, um sie in Sicherheit zu wiegen und zu sehen, wo und mit wem sie verkehrten, damit noch mehr Leute ins Netz gelockt werden konnten. Nur Einer, mit dem er ein solches Spiel treiben wollte, ist ihm entwischt. Es ist dies Genosse Weidenmüller, der sich zur Zeit in New York befindet. Aus diesem Umstande hat Reinsdorf später gefolgert, daß Weidenmüller zum Verräther geworden sei. Die Sache verhält sich aber wie oben angegeben wurde. Ein Einziger der Freigelassenen ist überhaupt Kronzeuge geworden. Das ist der Weber Palm, der hoffentlich seinen Lohn dafür empfängt.

Als die polizeilichen Vorbereitungen so weit gediehen waren, nahmen die Gerichte die Sache in die Hand. Man inscenirte einen großartigen Hochverrathsprozeß.

Reinsdorfs Freunde konnten leicht sehen, was das Ende sein werde; daher beschlossen sie, ihren gefangenen Genossen zu befreien. Hätte man genügende Geldmittel zur Verfügung gehabt, so wäre auch die Ausführung dieses Projekts nichts Unmögliches gewesen. So zog sich die Sache in die Länge. Die Wächter mochten auch einen geheimen Verkehr gewittert haben; denn sie verschärften ihre Vorsichtsmaßregeln immer mehr. Plötzlich aber wurde Reinsdorf — und bald auch seine Mitgefangenen — in aller Stille und in frühester Morgenstunde, doppelt und dreifach bewacht, von Elberfeld nach Leipzig transportirt.

Reinsdorf vor Gericht.

Vom 15. bis zum 22. Dezember saßen die „höchsten Richter" Deutschlands — eingetrocknete Paragraphenmenschen und stockconservative Fürstendiener — hinter den grünen Tischen des berüchtigten Leipziger Reichsgerichtes, das im Laufe von fünf Jahren schon mehr Verbrechen an den Freiheitskämpfern verübt hatte, als sämmtliche Justizstrolche Deutschlands zuvor in einem Vierteljahrhundert gethan. In die Hände dieser abgefeimten Schufte war das Schicksal Reinsdorfs gelegt; ein Zweifel über dasselbe konnte also nimmer obwalten. Die Verhandlungen sollten ja nur dazu dienen, einem wohlgeplanten Justizmorde ein „rechtliches Mäntelchen" umzuhängen.

Das schändliche Werk wurde obendrein den Elenden äußerst leicht gemacht. Denn außer Reinsdorf stand keiner der Angeklagten auf der Höhe der Situation. Einige davon hatten aber wenigstens Ehre genug im Leibe, um nicht zu Kronzeugen zu werden. Hierher rechne ich Rheinbach, Söhngen, Töllner und Holzhauer, von denen die ersteren drei bekanntlich freigesprochen wurden, weil in der That nichts Greifbares wider sie vorlag, während Holzhauer zu zehn Jahren Zuchthaus verurtheilt wurde, weil er Geld und Dynamit beschafft hatte.

Was aber Bachmann, Rupsch und Küchler betrifft, sa war deren Haltung vor Gericht eine geradezu skandalöse. Der Erstere hat seine Schwatzhaftigkeit und Angeberei mit zehn Jahren zu büßen. Die Reinsdorf belastenden Aussagen, welche Küchler machte, vermochten ihn nicht vor dem Tode zu retten.

Rupsch ist auf Lebenszeit in's Zuchthaus geschickt worden — ein schlechter Dank dafür, daß er den Hauptzeugen bei dieser ganzen Affaire spielte, indem er den Hergang der Sache haarklein erzählte und nur insofern log, als er die Zündschnur im kritischen Moment nur angezündet, resp. durchschnitten haben wollte, „um dem Kaiser und dessen Gefolge das Leben zu retten."

Es wäre sehr ermüdend für die Leser, wenn ich hier den Gang der Verhandlungen, welcher ja obendrein in allen Zeitungen breitgetreten wurde, wiederholen wollte. Traurige Angebereien trauriger Kreaturen haben keinen Raum in dieser Schrift. Hier handelt es sich, zu konstatiren, welche Rolle Reinsdorf vor den Schranken des Blutgerichts spielte.

Als man ihn am ersten Verhandlungstage nach der Anklagebank gebracht, da setzte er sich ruhig nieder, musterte das Publikum mit sicherem Blick, zog zwei Brödchen aus der Tasche und frühstückte, als ob er zu Hause wäre. „Ohne eine Spur von Scheu oder Angst", schreibt ein reaktionärer (!) Berichterstatter ganz erstaunt, „schweift sein Auge durch den großen Saal."

Seine Aussagen waren bestimmt, ja beißend. Er fühlte seinen Beruf und hat ihn erfüllt — vom Scheitel bis zur Zehe ein Held.

Was er zu sagen hatte, war nicht eine Vertheidigung; seine Worte sollten anklagen, brandmarken.

Wer sind Sie? frug man ihn. „Ich bin Anarchist," lautete die Antwort. Was verstehen Sie unter Anarchismus? „Eine Gesellschaft, in welcher jeder normal veranlagte Mensch alle seine Fähigkeiten voll entwickeln kann. Um das möglich zu machen, muß Keinem eine übermäßige Arbeitslast aufgebürdet werden; Noth und Elend müssen verschwinden; jeder Zwang muß aufhören; alle Dummheit und jeder Aberglaube ist aus der Welt zu schaffen."

Und nun geißelte er das gegenwärtige System in vernichtender Weise und deutete er die bessere Zukunft an. Leider bin ich nicht in der Lage, ein durchaus zuverlässiges Stenogramm dieser denkwürdigen Reden zu besitzen; allein auch aus den allgemeinen Berichten geht hervor, daß Reinsdorf eminent propagandistisch gesprochen hat. Ich hebe z. B. folgende Stellen hervor:

„Die Pflicht für uns Anarchisten ist, zu erreichen, daß auch der arme Mann auf jene Kulturstufe gehoben wird, die heute der Mann der oberen Klassen einnimmt. Um dazu zu kommen, ist es nothwendig, daß die Privatproduktion vollständig abgeschafft wird. An ihre Stelle muß eine anarchistische Produktion gesetzt werden, d. h. die Arbeit muß organisirt werden zu Gunsten der Gesammtheit. Diese Organisation muß von unten her vorgenommen werden, d. h. die Arbeiter müssen sich zunächst in Spezialvereinen organisiren. Diese hatten wir bereits bis zum Erlaß des Sozialistengesetzes, nur mit dem Unterschiede, daß in einer anarchistischen Gesellschaft der Grund und Boden, die Fabriken und die Arbeitswerkzeuge expropriirt werden. Alle diese Hülfsmittel müssen an die Spezialvereine abgeliefert werden, unter der Bedingung, daß mit ihnen zu Gunsten der Gesammtheit produzirt werde. Alle diese Arbeiterspezialvereine föderiren sich nun unter einander, in Bezirken, Gauen, dann über das ganze Land und darüber hinaus — also eine internationale Föderation von Arbeit, aber ohne jede Centralleitung. Ebenso müssen Post, Telegraphie und Transportmittel organisirt werden. Es braucht kein Genie, keine Autorität mehr zu geben, denn die Arbeiter haben soviel Verstand, um Alles selbst thun zu können. Durch diese Produktion wird in mächtiger Weise die Arbeitskraft erhöht. Es werden nicht mehr unnütze Dinge fabrizirt, sondern nur solche, die für die Gesammtheit nützlich sind. Von Polizei und Heer ist keine Spur mehr. Dann braucht der Mensch nur noch höchstens zwei Stunden täglich zu arbeiten. Mit dieser geringen Arbeitsdauer, die dann ausreicht, um Jeden zu ernähren, fällt aber auch der Zwang zur Arbeit fort. Jeder Mensch muß von seiner Geburt an wissen, daß er sein ganzes Leben hindurch sorglos leben kann, das ist das Hauptziel der Anarchie. Wenn dies aber erreicht ist, so ist die Folge davon, daß Jeder sein Hauptaugenmerk auf geistiges Leben richten kann. Heute wird getheilt. Der Anarchist kennt keine Theilung, denn Niemand besitzt Eigenthum, sondern Alles gehört der Gesammtheit. Sodann muß nach unserer Lehre aller unnatürlicher Zwang abgeschafft werden. Damit ist zugleich dem großen Problem der absoluten Freiheit entsprochen. Die heutige Freiheit kommt nur den Angehörigen der oberen Zehntausend zu Gute, nicht dem armen Arbeiter, denn die Armuth allein schon ist Sklaverei. Sodann müssen alle Autoritäten abgeschafft werden. Alles Elend, das wir jetzt in der Welt haben, ist nur die folgerichtige Konsequenz der jetzigen Eigenthumsverhältnisse, so auch alle Laster.

Seine erste Ansprache schloß Reinsdorf mit den Worten: „Die anarchistische Bewegung wird siegen. und wenn es tausend Reichgerichte gäbe. Hoch die Anarchie!“

Als Reinsdorf speziell wegen des Niederwald-Attentats befragt wurde, sagte er: „Ja wohl, das habe ich angestiftet, und es thut mir nur leid, daß ich durch Krankheit verhindert wurde, den Plan selber auszuführen.“

Dann fuhr er fort; „Die Motive, die mich dazu bewogen, Rupsch nach Rüdesheim zu senden, waren folgende; Die neue Aera in Preußen und Deutschland, die auch die „glorreiche“ genannt wird, soll das deutsche Volk befriedigt haben. Es sei frei und glücklich und für fremde Nationen ein Vorbild geworden. Alles dies in seinen tausendfachen Variationen ist für den Arbeiter eine Illusion geblieben, eine Unwahrheit. Die Arbeiter bauen Paläste und wohnen in armseligen Hütten; sie erzeugen Alles und erhalten die ganze Staatsmaschine, und doch wird für sie nichts gethan; sie erzeugen alle Industrieprodukte, und doch haben sie wenig und schlecht zu essen; sie sind eine stets verachtete, rohe und abergläubische Masse voll Knechtsinns. Alles, was der Staat thut, hat allein die Tendenz, diese Verhältnisse ewig aufrecht zu erhalten.

Die „oberen Zehntausend" sollen sich auf den Schultern der großen Masse erhalten. Soll dies wirklich ewig dauern? Ist eine Aenderung nicht unsere Pflicht? Sollen wir ewig die Hände in den Schooß legen? Das sind die Fragen, die wir uns vorhalten.

Schon das kommunistische Manifest sagt: „Die Befreiung der Arbeiter muß das Werk der Arbeiter selbst sein." In der Sozialdemokratie hat sich eine Strömung geltend gemacht, die da meint, die Arbeiter sollen nichts weiter als den „Stimmzettelkampf" führen. Wir aber sagen: Das ist kein Kampf! Ihr kämpft da nicht! Ihr fügt Euch in Euer Schicksal! Darum sind wir Anarchisten entstanden.

Die Führer der Sozialdemokraten haben gegen uns alle Hebel in Bewegung gesetzt. Wir sollten Polizeispione, Idioten sein, sie haben uns Denunzianten geschimpft. Als Hödel das Attentat beging und hingerichtet wurde, da haben sie geschrieen und ihn verhöhnt und verlästert. Nach dem Sozialistengesetze fing auch die Bourgeoisie eine Sozialhetze an. Damals gab man die Parole aus, die Arbeiter sollten ihre Ueberzeugung verleugnen. Das haben fast Alle gethan. Diese Verleugnung der Ueberzeugung veranlaßte Viele, welche weiter sahen, zu dem Gedanken, daß man mit solchen Leuten nichts mehr zu thun haben könne. Jene Leute wollten nicht mehr die idealen Bestrebungen hochhalten, sondern sie wollten ihren Magen füllen.

Die sozialdemokratische Bewegung artete aus in eine fortschrittlich-bourgeoisieartige.

Jetzt mußte die anarchistische Taktik auf den Schild gehoben werden. Derartige Attentate hieß es, gingen von Leuten aus, die vaterlandsloses Gesindel seien. Wir sehen aber, daß es schmachvoll für uns ist, wenn wir unser Vaterland in solchen Zuständen sehen. Wir wollen, wie die französischen Arbeiter, die Hände rühren und nicht nur von ihren Errungenschaften mitzehren.

Es heißt dann: Es ist eine schreckliche That, einen Fürsten in die Luft zu sprengen. Ist es nicht viel schrecklicher, daß sich Tausende für einen Fürsten opfern müssen? Für einen großen Zweck muß der Einzelne fallen. Und — der Zweck heiligt die Mittel."

Der Obergerichtsanwalt schrie ob solcher Reden Zeter und Mordio und erblickte darin neue „Verbrechen."

Reinsdorf antwortete darauf, daß ihm das sehr gleichgültig sei. „Wenn ich auch den Kopf verliere, so schadet das gar nichts; ich habe wenigstens meine Pflicht als Anarchist gethan, und damit gut.... Mein Wahlspruch ist: „Sei getreu bis in den Tod!"

Der Gerichtspräsident (Dreckmann heißt die Canaille) wollte nun haben, Reinsdorf solle sagen, ob er sich schuldig bekenne oder nicht — „Ja oder Nein!“

Darauf sagte Reinsdorf mit fester Stimme: „Ich betrachte die ganze Sache — daß ich überhaupt hier stehe — als eine Machtfrage. Hätten wir deutschen Anarchisten ein paar Armeecorps zur Verfügung, dann brauchte ich zu keinem Reichsgericht zu sprechen. Ich habe nichts mehr zu sagen. Machen Sie, was Sie wollen.“

Vor Beendigung der Gerichtscomödie nahm Reinsdorf das Wort noch einmal und sagte:

„Das Niederwald-Attentat ist nicht mißglückt, weil „die Hand der Vorsehung“ eingriff, wie der Ankläger meint, sondern daran ist die ungeschickte Hand des Rupsch schuld. Ich hatte leider kein besseres Menschenmaterial zur Verfügung. Zu bereuen habe ich weiter nichts, als daß die Sache scheiterte. In den Fabriken gehen die Menschen zu Grunde zu Gunsten der Aktionäre. Diese „ehrlichen Christen“ betrügen die Arbeiter um die Hälfte ihres Lebens. Da kann Unsereiner auch nicht sentimental sein. Mein Vertheidiger wollte meinen Kopf retten; allein für einen so gehetzten Proletarier, wie ich bin, ist der schnellste Tod der beste.“

Hierauf ging er über auf die Machinationen der Polizei. „Der Polizei,“ sagte er, „ist es durch Verräther gelungen, der Sache auf die Spur zu kommen. Was thut überhaupt die politische Polizei? Sie geht am Abend oder am Morgen in die Häuser und hält Haussuchung. Sie stört den Frieden der Familien. Sie braucht nur einmal den häuslichen Heerd zu entweihen — und er ist für immer entweiht! Die politische Polizei verführt die einzelnen Sozialdemokraten zum Verrath. Daß Küchler hier sitzt und sein Haupt auf das Schaffot legen muß, das ist die Schuld des Polizeikommissär Gottschalck. Wenn Leute wie Palm und Schiebeck, sich der Polizei zur Verfügung stellten, so ist das ein Beweis, wie korrumpirt unsere Gesellschaft ist. Gegen solche Korruption sind unsere Thaten gerichtet. Hätte ich noch zehn Köpfe, ich würde sie mit Freuden für dieselbe Sache auf's Schaffot legen! .... Wenn der Reichsanwalt sagt, wir ständen vor einer „traurigen Sache“, so ist das wahr. Aber die Ursachen sind eben traurig. Nicht die Thaten selbst! Glauben Sie, daß alle Die, welche bereit sind, ebenso wie wir vorzugehen, nicht ihre Ursachen haben? Heilen Sie diese Ursachen und korrigiren Sie nicht an den Wirkungen herum! Ist unser Volk noch menschenwürdig, dann darf sich kein Bourgeois mehr auf der Straße blicken lassen! Es giebt Dynamit genug, um die ganze herrschende Klasse in die Luft zu sprengen.“

Alle Augenblicke fiel der Gerichtspräsident unserem Genossen in die Rede. Dieser ließ sich aber durchaus nicht irre machen, sondern wurde in seinen Angriffen, die er durch Aufschlagen mit der Faust bekräftigte, nur noch heftiger.

Am 22. Dezember 1884 sprachen die Justizstrolche über unseren Kameraden das Urtheil. Es lautete: Tod durch das Henkerbeil. —

Reinsdorf's Tod.

Am 6. Febuar 1885 erhielt unser treuer Kamerad im Zuchthaus zu Halle, wohin man ihn sofort nach erfolgter Verurtheilung verbrachte, die Mittheilung, daß er Tags darauf zu sterben habe. Er nahm diese Nachricht entgegen, wie er das Urtheil vernommen — ohne eine Miene zu verziehen, ohne auch nur mit den Wimpern zu zucken.

Sein Wunsch, schriftlich Abschied von seinen Genossen zu nehmen, wurde ihm von den Barbaren des Zuchthauses verweigert. Nur einen einzigen familiären Brief durfte er absenden.

Dieses Schreiben, welches er an seinen Bruder richtete, lautete folgendermaßen:

„Halle, den 5. Februar 1885. Mein lieber Bruno! Es ist dies mein letzter Brief, doch sollst Du nicht trauern, denn als ich heute Vormittag durch den ersten Staatsanwalt von Halle die Eröffnung bekam, daß morgen früh um 8 Uhr alle meine Leiden beendigt würden, war es das Gefühl der Erleichterung, das mich ergriff. Ich war die letzte Zeit sehr leidend und wenn ich an eine event. Begnadigung dachte, so wünschte ich mir den Tod. Denke Dir, wenn ich hätte im Zuchthaus leben müssen, ohne geistige Beschäftigung und Anregung, Tag für Tag wie eine gedankenlose Maschiene die langweilige und geisttödtende Arbeit des Wollespulens verrichtend, wie sehnlich würde ich mir die Ruhe des Grabes gewünscht haben — und Du wirst begreifen, daß die getroffene Entscheidung für mich die beste ist. Wenn Du also diesen Brief empfängst, so denke Dir, daß mir dann wohl ist und daß nur die für mich günstigsten Momente zusammengewirkt haben, zu meinem Glück den langsamen natürlichen Gang zu beschleunigen. Und nun, mein lieber Bruno, denke stets daran, daß es Deine Pflicht ist, so lange die Eltern leben und Du noch junge Geschwister hast, Dich ihrer anzunehmen und Vater und Mutter auf ihre alten Tage kräftigst zu unterstützen. Unterdrücke einstweilen etwaige Lieblingsideen und denke, daß Du ja damit einen Wunsch von mir und auch einen Theil meiner Pflichten mit erfüllst, dann wird es Dir leicht werden. Betrachte das Leben stets von der ernsten Seite, so als ob es Dir nur geschenkt sei, um der Menschheit zu nützen und heilige Verpflichtungen einzulösen. Betheilige Dich so wenig als möglich an den blöden Vergnügungen, wie sie leider bei gedankenarmen Arbeitern noch zu finden sind, sondern bilde Deinen Geist nach allen Richtungen, damit Dir nichts fremd sei und Dir auch der Klügste kein X für ein U machen kann. Daß ich natürlich meinen Ueberzeugungen bis zum letzten Augenblicke treu bleibe, ist selbstverständlich. Ich umarme Dich und Franz brüderlich und grüße Euch von Herzen tausendmal, Euer August."

Unmittelbar bevor Reinsdorf seinen letzten Gang antrat, aß er einen kräftigen Imbiß und rauchte eine Cigarre, dazu sang er ein lustiges Liedchen, als ob Alles in schönster Ordnung wäre.

Hernach schritt er fest und entschlossen hinaus in den Hof wo man das Schaffot errichtet hatte, das von einer starken Abtheilung Militär umstellt war. Außerdem waren etwa 100 Personen zugelassen worden — lauter Juristen und ähnliches Gesindel. „Sind Sie August Reinsdorf?“ frug der Reichsanwalt pro forma „Ja, der bin ich!“ lautete die Antwort des Angeredeten, der die Anwesenden scharf fixirte.

Das Urtheil wurde verlesen und die Kaiserliche Unterschrift vorgezeigt, worauf die Scharfrichtersgehülfen über Reinsdorf herfielen, um ihn nach dem Richtblock zu schleppen. Trotz ihres entmenschten Gebahrens vermochten sie jedoch nicht zu verhindern, daß unser Genosse nochmals zeigte, wer er war, indem er ausrief.

„Nieder mit der Barbarei! Hoch die Anarchie!“

Gleich darauf ward sein Kopf vom Rumpfe getrennt.

Schlußbetrachtungen.

Der Vorhang ist gefallen; die Tragödie ist aus. Die Reaktionäre glauben, mit August Reinsdorf die soziale Revolution in die Grube versenkt zu haben. Ihr Henkerbeil, denken sie, habe das Proletariat erschreckt. Eitler Wahn!

War schon der ganze Prozeß, insbesondere aber das großartige Auftreten Reinsdorf's vor dem Gerichte geeignet, das größte Aufsehen zu erregen und revolutionäre Leidenschaften wachzurufen, so waren die kaltblütige Abschlachtung unseres Kameraden im Zuchthaushofe von Halle und dessen stoischer Heroismus dazu angethan, in den weitesten Kreisen die lebhaftesten Sympathieen für diesen Märtyrer und dessen Ideen zu erwecken. Sein Blut wird sich demgemäß als ein Samen erweisen, aus welchem für die soziale Revolution tausendfältige Früchte — zahlreiche Männer der That — ersprießen.

Alle, welche den Genossen persönlich kannten, wissen, was dieser Verlust bedeutet; Jedermann, der noch fähig ist, Manneswürde und Selbstaufopferung zu schätzen, braucht nur zu wissen, wie sich Reinsdorf vor Gericht benommen, um demselben über das Grab hinaus die höchste Achtung zu bewahren. Uns Anarchisten ist und bleibt Reinsdorf im Herzen eingeschlossen für alle Zeiten.

Wir sind nicht in der Lage, ihm, gleich einem Großen und Mächtigen der Erde, ein Denkmal aus Stein oder Erz zu setzen; ein unvergängliches Monument aber hat er sich selber errichtet.

Seine Worte und Thaten aber sind übergegangen in die Geschichte des Volkes, unverwischbar, für immer lebendig — den Tyrannen ein Greuel, den Finsterlingen eine erschreckende Leuchte, den Reichen ein vernichtendes Mene Tekel; den Armen und Elenden aber tröstende

Hoffnung und begeisternder Ansporn zur Ausdauer in dem Kampfe um die höchsten Güter der Menschheit: Anarchie und Brüderlichkeit.

Was Reinsdorf vor dem Forum des Reichsgerichts gesprochen, war nicht eine Vertheidigung, nicht einmal eine Anklage — nein! Es war eine Brandmarkung von Staat und Gesellschaft. In knappen, aber treffenden, überzeugenden Zügen hat er die Kontraste zwischen Arm und Reich, zwischen Arbeit und Ausschweifung, zwischen Knechtschaft und Tyrannei gezeigt.

Schonungslos fielen die Hiebe auf Alle, welche sich am Volk vergehen. Dem Hohenzollernpack hat Reinsdorf alle Kriegsgreuel und Despotenstreiche vorgehalten. Die Pfaffen hat er als schleichende Heuchler und Verstandesmörder verflucht. Mit dem glühendsten Hasse sprach er von dem Raube der Bourgeoisie, verübt am Proletariat.

Und: „Weg mit dem Stimmkasten!“ rief er mit warnender Stimme den deutschen Arbeitern zu. „Es ist Zeit, daß Ihr zu Thaten schreitet!“

Den Richtern, die nach vorheriger Abkartung den nun verübten Justizmord beschlossen hatten, und die ob seiner zornigen, trotzigen Worte entsetzt erbebten, sah er mit blitzenden Augen in's Angesicht.

„Die Revolution wird nimmer aufgehalten werden,“ donnerte er die elende Gesellen an, „und wenn es tausend Reichsgerichte gäbe. Das Volk wird eines Tages Dynamit genug besitzen, um Euch Alle und die ganze Bourgeosie in die Luft zu sprengen.“ —

Ohne Furcht blickte Reinsdorf dem nahen Tod ins Auge. „Und hätte ich zehn Köpfe — ich würde sie alle gern opfern für die Sache der Anarchie!“ erklärte er mit kräftiger Stimme. Den Urtheilsspruch vernahm er mit lächelndem Munde.

Und wie ist er gestorben? Noch kurz vor dem Momente des Todes und unter den Händen des Henkers rief er aus: „Nieder mit der Barbarei! Es lebe die Anarchie!“

Das sind mahnende Worte, die Keiner unbeherzigt lassen wird, der unter der Fahne der Revolution marschirt.

Wohlan! Lasset uns darnach handeln!

Weg mit allen sentimentalen Bedenken, wenn es gilt, gegen Staat, Kirche und Gesellschaft und deren Träger, wie gegen das Bestehende überhaupt einen Streich zu führen.

Vergessen wir niemals, daß die Revolutionäre der Neuzeit nur über Schutt und Asche, über Blut und Leichen ihren Einzug halten können in einer Gesellschaft von Freien und Gleichen.

Schwingen wir uns auf zur Höhe eines August Reinsdorf! Vollenden wir das Werk, das er so kühn begonnen! Nur so allein können wir uns rächen; so allein können wir uns seiner würdig zeigen; so allein können wir siegen.

Arbeiter! Sehet hinunter in die frische Grube. Da liegt Euer bester Freund und Rathgeber, ein Vorkämpfer für Eure Sache, ein Blutzeuge für die Größe der anarchistischen Idee. Lebt, strebt und handelt wie er! Die Anarchisten legen ihm in Eurem Namen den wohlverdienten Lorbeer auf das Grab.

* * * * *

Die Sühne für die Vernichtung Reinsdorfs ist rasch eingetreten. Kaum war das Urtheil gefällt, und noch war es nicht vollzogen, so hatte auch schon der Dolch der Nemesis Repressalien geübt. Am 13. Januar 1885 wurde das Haupt der deutschen Geheimpolizei, der elende Rumpff, zu Frankfurt a. M. von anarchistischer Hand erstochen. Sic semper tyrannis — So ergeht es allen Tyrannen! hieß es auf allen Wegen und Stegen. Mit großer Genugthuung empfand jeder Ehrenmann, insbesondere jeder Mann der Arbeit, daß Rumpff sterben mußte, weil er der Urheber von Reinsdorfs Tode war. Diese prompte Lynchjustiz ließ die Armen und Elenden hoffen, daß in Zukunft nicht, wie zuvor, jedes Unrecht umgezüchtigt bleibe.

Das erweckte neue Kraft und neuen Muth; sichtlich hat das deutsche Proletariat ein neuer, feuriger Geist erfaßt; die Folgen werden sich zeigen.

Die Aera der Propaganda der That ist auch für Deutschland nun gekommen. Sie wird in einem Jahre der Revolution mehr Vorschub leisten, als 25 Jahre Philosophie gethan. Reinsdorf hat sie begonnen.

Der Brennstoff ist gehäuft. Proletarier, werfet den zündenden Funken hinein!

Hoch die Gewalt! Es lebe die soziale Revolution!

Zeitfracht Medien GmbH
Ferdinand-Jühlke-Straße 7
99095 Erfurt, Deutschland
produktsicherheit@kolibri360.de